SUIS-JE LE GARDIEN
DE
MON FRÈRE?

DU MÊME AUTEUR
CHEZ LE MÊME ÉDITEUR

— *La Pensée de Gotama, le Bouddha* (en collaboration avec I. B. Horner).

— *La Philosophie chrétienne et orientale de l'art.*

Trois textes du présent recueil ont déjà paru en traduction française:

— «Sagesse orientale et savoir occidental»: revue *Études Traditionnelles* nos 293-294-295 (juillet-août, septembre, octobre-novembre 1951).

— «"Paternité spirituelle" et *"puppet complex"*»: revue *Études Traditionnelles* nos 443-444 (mai-juin, juillet-août 1974), dans la traduction de Gérard Leconte.

— «Gradation, évolution et réincarnation»: revue *Études Traditionnelles* n° 263 (octobre-novembre 1947).

Certaines de ces traductions ont été revues et corrigées par nos soins.

SOURCES:

— «Suis-je le gardien de mon frère?»: «Am I my Brother's Keeper?», *Asia and the Americas*, New York, 43 (1943).

— «L'illusion de l'instruction»: «The Bugbear of Literacy», *Asia and the Americas*, New York, 44 (1944).

— «Des chemins qui conduisent au même sommet»: «Paths that lead to the same Summit: Some Observations on Comparative Religion», *Motive,* Nashville, 4:8 (1944).

— «Sagesse orientale et savoir occidental»: «Eastern Wisdom and Western Knowledge», *Isis,* 96, vol. XXXIV (printemps 1943).

— «Orient et Occident»: «East and West», *Biosophical review*, New York, 8 (1945).

— «"Paternité spirituelle" et *"puppet complex"*»: «"Spiritual Paternity" and the "Puppet Complex"», *Psychiatry*, 8 (1945).

— «Gradation, évolution et réincarnation»: «Gradation, Evolution and Reincarnation», *Main Currents in Modern Thought,* 4 (1946).

— «L'illusion de la Démocratie, de la Liberté et de l'Égalité»: «The Bugbear of Democracy, Freedom and Equality» *Studies in Comparative Religion,* Bedfont, 11 (1977[1978]).

Ananda K. COOMARASWAMY

SUIS-JE LE GARDIEN DE MON FRÈRE ?

Traduit de l'anglais
par Jean Plantin et Bernard Dubant

deuxième édition revue et corrigée

PARDÈS
9, rue Jules-Dumesnil
45390 PUISEAUX

Titre original :
THE BUGBEAR OF LITERACY
Édition originale
Perennial Books Ltd
(Middlesex, Grande-Bretagne)
Première édition : 1949
La présente traduction a été réalisée à partir de l'édition complétée de 1979
ISBN 0-900588-19-5

ISBN 2-86714-099-4

SOMMAIRE

INTRODUCTION

Ananda Coomaraswamy a vécu et écrit aux États-Unis pendant les trente dernières années, mais les fruits de la maturité de sa pensée n'ont jamais été aisément accessibles au profane intelligent. Pour remédier à cette carence, nous avons rassemblé ces quelques articles représentatifs qui jettent une lumière si pénétrante sur les problèmes de la crise actuelle du genre humain. Les idées de Coomaraswamy pourront paraître à certains lecteurs très discutables et destructrices d'opinions communément admises. Ces contradicteurs pourraient objecter que sa mise en accusation de la civilisation occidentale moderne repose sur des préjugés orientaux séculaires et lents à disparaître. Mais Ananda Coomaraswamy n'est pas seulement un «éminent orientaliste», comme Aldous Huxley l'a défini dans son ouvrage intitulé *The Perennial Philosophy*, pas plus qu'il ne se borne à être une autorité en matière d'art oriental. Les idées qu'il formule dans ces articles sont exprimées avec l'autorité qu'une vie tout entière consacrée à l'étude lui a conférée. Il écrit, comme il l'a expliqué ailleurs, «en partant d'un point de vue strictement orthodoxe... en s'efforçant de parler avec la précision la plus mathématique, mais sans jamais user de termes de notre propre cru, et sans jamais avancer une affirmation pour laquelle l'autorité scripturaire ne pourrait être citée par chapitre et verset. De la sorte, notre façon de procéder sera elle-même typiquement hindoue».

Ananda Coomaraswamy, qui n'accorde aucun prix à la personnalité et désapprouve le personnalisme, condamne la manie qu'ont certains contemporains de se mettre en avant à tout propos; il est le plus réticent des hommes lorsqu'il s'agit de fournir des détails d'ordre biographique. Cependant, pour ceux qui ne le connaissent pas, ces détails, ainsi qu'un bref résumé de sa carrière bien remplie, paraissent nécessaires à la compréhension des larges fondations de sa pensée. Certains seront peut-être étonnés d'apprendre, par exemple, que sa mère était anglaise, qu'il commença par être géologue (dans la pétrographie) et qu'il obtint le titre de docteur ès sciences à l'université de Londres; étonnés d'apprendre aussi que, bien qu'étant sans doute le représentant le plus qualifié de la *Philosophia Perennis* dans le monde anglophone, il n'est aucunement le défenseur de la vague et artificielle «théosophie» vulgarisée en Occident, ni de la théorie de la «réincarnation» – entendue comme la renaissance sur terre d'individus décédés – qui est associée populairement et à tort, dans certains milieux, à la «philosophie» hindoue. Dans l'espoir de dissiper ces préjugés et ces conceptions erronées, j'ai rassemblé les quelques détails biographiques qui suivent.

Ananda Kentish Coomaraswamy est né le 22 août 1877 à Colombo (Ceylan). Son père, un distingué *gentleman* cinghalais, sir Mutu Coomaraswamy, fut le premier hindou à être admis dans l'ordre des avocats de Londres et l'auteur de la première traduction en anglais d'un texte bouddhiste pāli. Sir Mutu mourut avant que son fils n'eût atteint sa deuxième année et l'enfant fut élevé en Angleterre par sa mère britannique (morte en 1942).

Ananda Coomaraswamy ne retourna sur sa terre natale que près d'un quart de siècle plus tard. Il effectua tout d'abord ses études au Wycliffe College, à Stonehouse (Gloucestershire), puis à l'université de Londres. Bien que, sans nul doute, le jeune Cinghalais ressentît l'influence omniprésente de John Ruskin et de William Morris à la fin du siècle dernier, ses principaux centres d'intérêt furent la science et, en particulier, la géologie et la minéralogie. À vingt-deux ans, il signe un article intitulé « Ceylon Rocks and Graphite » pour le *Quaterly Journal of the Geological Society* et, à vingt-cinq ans, il est nommé directeur du Service de Minéralogie de Ceylan. Quelques années plus tard, ses travaux sur la géologie de Ceylan lui valent un titre de docteur ès sciences à l'université de Londres.

Son séjour à Ceylan lui ouvrit les yeux sur l'influence desséchante exercée sur les arts et l'artisanat de son pays par l'invasion de l'industrialisme occidental. Le jeune Coomaraswamy se fit courageusement et sans équivoque le défenseur de ces cultures et métiers manuels « indigènes », menacés d'extinction par la « fureur de prosélytisme » de la civilisation occidentale.

Depuis 1917, Coomaraswamy effectue des recherches sur l'art oriental au *Museum of Fine Arts* de Boston où il a organisé un département d'art indien sans rival dans le monde ; rassemblant, interprétant, exposant aux conservateurs de musées la philosophie traditionnelle de la vie et la fonction de l'art dans une société humaine, il s'est attaché à démontrer que toutes les expressions dotées d'une signification quelconque, que ce soit dans les métiers, les jeux et d'autres « activités », ne sont que les dialectes variés et les activités symboliques d'un seul langage de l'esprit.

On a qualifié Coomaraswamy d'expert en art oriental. Son « orientalisme » n'a toutefois rien de commun avec le pseudo-occultisme et le théosophisme syncrétiste propagés aux quatre vents par les soi-disant prophètes des « cultes » en question. Il se plaît à pourfendre l'image aussi fausse que stéréotypée d'un Orient « mystérieux » et « mystifiant » ; il a affirmé qu'on pourrait donner un exposé fidèle de l'hindouisme sous la forme d'un démenti catégorique à la plupart des énoncés (par exemple, sur la « réincarnation ») qui en ont été faits, non seulement par les savants européens, mais aussi par les Indiens formés aux façons de penser sceptique et évolutionniste modernes.

Sa plume est un instrument de précision. Le tissu serré et tendu de sa pensée est le modèle même de l'exposé précis: une vertu de l'expression écrite qui est redécouverte aujourd'hui. Pour cet érudit, l'exégèse des textes anciens est pardessus tout une recherche scientifique, considérée comme la voie d'accès à une vie plus abondante. Il se targue de ne jamais introduire de phrases de son propre cru et de ne jamais avancer une affirmation pour laquelle il ne pourrait citer chapitre et verset. Sa prose dense présente souvent sur la page imprimée une mosaïque rébarbative, n'offrant aucun attrait aux indolents regards contemporains, mais elle lance néanmoins un défi à l'attention en raison de sa rigoureuse exactitude, semblable à celle d'une démonstration mathématique. Il n'est pas rare que la matière qui suffirait à tout un article soit condensée dans un renvoi en bas de page. Mais, s'il écrit ainsi pour les érudits, il n'écrit pas seulement pour les érudits; et lorsqu'il s'adresse expressément à ceux qui ne sont pas des érudits, il relègue les notes en fin de chapitre ou de volume, où le lecteur peut les ignorer s'il le désire.

Devant le déploiement de cet intellect aux mille facettes – de la géologie à l'archéologie en passant par tous les arts et expressions, des plus humbles aux plus hautes aspirations de l'humanité –, on est tenté d'évoquer la curiosité universelle de Léonard de Vinci.

Ayant débuté, comme nous l'avons vu, par la géologie et la minéralogie, les recherches de Coomaraswamy sont devenues universelles et illimitées, s'étendant de la connaissance d'une douzaine de langues à la musique et à l'iconographie, et des métaphysiques les plus anciennes aux problèmes les plus contemporains de la politique, de la sociologie et de l'anthropologie. Comme l'a récemment fait remarquer un admirateur: «Il n'a jamais eu le temps ni le désir de présenter des idées personnelles ou des théories nouvelles, car sans cesse et inlassablement il a consacré son énergie à la redécouverte de la vérité et des principes qui président à la naissance et à la mort des cultures.» Il n'a jamais non plus transigé, ni ménagé l'adversaire dans l'exposition des vérités telles qu'il les a découvertes.

Ce courage se manifeste, en particulier, dans les essais de Coomaraswamy consacrés à l'art. Il est aujourd'hui le défenseur le plus éloquent de la philosophie traditionnelle de l'art – une doctrine démontrée dans les œuvres qui nous sont parvenues du Moyen Âge et d'Orient. Cette philosophie, Coomaraswamy l'a interprétée à maintes reprises, avec d'abondantes références à l'appui; par contraste, il a souligné les aspects pathologiques de nos esthètes contemporains qui collectionnent l'exotique et le primitif avec l'avidité d'une pie voleuse qui se saisit de bouts de rubans colorés pour «décorer» son nid! Les arts de la grande tradition intemporelle procèdent toujours de l'intérieur vers l'extérieur et ne se limitent jamais à l'idéalisation des faits objectifs. L'art moderne, en revanche, n'a ni ressource ni fin en dehors de lui-même; il est trop «beau» pour être appliqué et trop «signifiant» pour vouloir dire précisément quelque chose.

Pour Coomaraswamy, porte-parole de la tradition, la «contemplation esthétique désintéressée» est une contradiction dans les termes et une absurdité. Le but de l'art a toujours été et devrait toujours être la communication effective. Mais, demanderont les critiques, que peut communiquer une œuvre d'art? «Disons la dure vérité», répond Coomaraswamy, «la plupart des œuvres d'art traitent de Dieu, à propos duquel aujourd'hui on ne parle pas dans le beau monde!» Il faut rappeler que nos traités modernes sur l'*ukiyo-yé* mentionnent rarement les hétaïres sur la vie desquelles se concentre l'essentiel de cet art. De jeunes anthropologues, comme Deacon ou Tom Harrisson, retraçant sur le sable d'une plage isolée des Nouvelles Hébrides des dessins aux lignes continues et reproduisant le *dromenon* des derniers survivants d'une culture oubliée, s'approchent peut-être bien davantage, par cette méthode fondée sur le «partage des sentiments», de la compréhension des races qui nous sont étrangères et du cœur de l'art esthétique, que l'admirateur de Picasso le plus extatique et le plus hystérique dans une galerie d'art de la *Fifty-seventh Street.* Car, pour comprendre et apprécier l'art d'un peuple, il est nécessaire d'être uni en esprit avec ce peuple; il faut avoir appris à sentir et à comprendre le cosmos comme ce peuple l'a senti et compris – sans jamais l'approcher avec condescendance ni mépris, ni même avec cette sorte d'«objectivité» qui, si elle réussit parfois à décrire les travaux et les jours de ce peuple, ne parvient jamais à les interpréter.

Il n'est pas possible ici de nous étendre sur ces idées passionnantes et stimulantes. Si nous faisons «fausse route» aujourd'hui dans notre appréciation de l'art – car tel est le diagnostic que Coomaraswamy nous donne de notre mal présent –, cela pourrait être dû, comme il l'affirme, au fait que nous vivons «une des deux périodes les plus marquantes de la décadence humaine», la première étant l'antiquité classique vieillissante. Un exhibitionnisme narcissique et un esthétisme de pie voleuse – avec son acquisition avide de l'insignifiant – ne sont que les symptômes jumeaux de notre schizophrénie culturelle. La fabrication de l'«art» dans des ateliers, ainsi que la production dépourvue d'art de choses qui sont faites dans des usines, représentent pour lui un abaissement du niveau de la vie à des niveaux infra-humains. La coïncidence entre beauté et utilité, signification et fonctionnalité, doit déterminer toutes les valeurs humaines. Les œuvres servant ces valeurs ne sont réalisables que dans une société coopérative composée d'artisans libres et responsables, c'est-à-dire une société vocationnelle dans laquelle les hommes sont libres de s'occuper du bien du travail à faire et individuellement responsables de sa qualité. Coomaraswamy a exposé ses idées sur l'art dans deux ouvrages: *Why Exhibit*

*Works of Art?** et *Figures of Speech or Figures of Thought?* (Londres, Luzac & Co., 1943 et 1946).

Or, cette philosophie traditionnelle de l'art s'intègre dans l'ensemble de la philosophie traditionnelle d'une société humaine ou, en d'autres termes, ainsi que les lecteurs de ce recueil l'apprendront, dans l'idée d'un royaume de Dieu sur la Terre. L'œuvre de Coomaraswamy est une réalisation monumentale en vue de cette intégration: il est devenu le représentant le plus avancé de la *Philosophia Perennis*, de cette «sagesse incréée, semblable à ce qu'elle a toujours été et à ce qu'elle sera toujours», comme le disait saint Augustin. Par-delà les continents lointains et tout au long des siècles et des millénaires connus ou inconnus de l'histoire, cette doctrine s'exprime dans des dialectes divers, mais d'une voix unique. C'est le *sanātana dharma*, la *hagia sophia*, la «justice» ou «rectitude» de la tradition unanime et universelle. La faculté qu'a Coomaraswamy de concentrer son propos dans une formulation aux mille facettes, s'allie à une maîtrise de soi quasi fabuleuse et à une «dynamique» finaliste, pour montrer l'unicité des aspirations humaines. C'est nous, les contemporains, avec notre génie de la scission et de la division, qui sommes perdus: *nous sommes les égarés**! «Nous sommes en guerre avec nous-mêmes», insiste Coomaraswamy dans la conclusion de son dense article sur René Guénon, «et *par conséquent* en guerre les uns contre les autres. L'homme occidental a perdu son équilibre et la question: "Peut-il se ressaisir?" est des plus urgentes».

L'article de Coomaraswamy sur Guénon, inclus dans ce recueil, peut être étudié comme un modèle de précision, d'exactitude et de concision mathématique. En quelques pages, il nous fournit un guide complet et précis sur la carrière intellectuelle d'un des penseurs les plus éminents et les plus importants de notre temps. Cette introduction à l'œuvre de René Guénon est d'autant plus estimable que l'auteur du *Règne de la quantité*, d'*Orient et Occident* et de *La Crise du monde moderne* semble avoir été – du moins pour ce qui est du public américain – l'une des victimes de la guerre. Il est réconfortant de savoir que les *Études Traditionnelles*, la revue mensuelle qui a servi durant de longues années de véhicule à la pensée de Guénon, a repris à présent sa publication, et que *Le Règne de la quantité* est paru sous forme de livre à Paris.

Je ne puis qu'espérer que le présent ouvrage ouvre une porte, pour quelques lecteurs tout au moins, vers un domaine de pensée totalement « nouveau », comme ce fut mon cas lorsque je découvris Coomaraswamy sur le tard, il y a quelques années. Ses notes mêmes sont plus suggestives et ouvrent la voie à plus d'explorations et de découvertes que ce qu'on peut trouver dans n'importe quelle opinion standardisée et étiquetée du prêt-à-penser professée par de nombreux *best-sellers* diffusés à grand renfort de publicité.

ROBERT ALLERTON PARKER

New York, mars 1946

CHAPITRE I

SUIS-JE LE GARDIEN DE MON FRÈRE?

Caïn, qui tua son frère Abel, le pasteur, et bâtit la première cité, préfigure la civilisation moderne. Elle a été décrite de l'intérieur comme «une machine meurtrière sans conscience et sans idéaux»[1], «ni humaine, ni normale, ni chrétienne»[2] et, en définitive, comme «une anomalie, pour ne pas dire une monstruosité»[3]. Quelqu'un a dit: «Les valeurs de la vie refluent lentement. Il reste la façade de la civilisation sans aucune de ses réalités.»[4] Des critiques semblables pourraient être citées indéfiniment. La civilisation moderne, par son abandon de tout principe, peut être comparée à un corps sans tête dont les derniers mouvements ne sont que des convulsions privées de sens. Toutefois, ce n'est pas de suicide, mais de meurtre, que nous nous proposons de parler.

Le voyageur moderne – «ton nom est légion» – ayant l'intention de visiter un «paradis perdu» tel que Bali, demande souvent si cette île a déjà été contaminée. C'est là une confession naïve, pour ne pas dire tragique. Cet homme ne se rend pas compte, en effet, qu'il reconnaît sa culpabilité et que sa question revient à demander si la source de l'équilibre et de la grâce dans les autres civilisations a déjà été empoisonnée au contact d'hommes comme lui et par la culture dont il est un produit. «Les Balinais, écrit Covarrubias, ont mené une existence convenable au sein d'un système coopératif autarcique, reposant sur l'assistance mutuelle, l'argent étant employé uniquement comme marchandise secondaire. Comme il leur est difficile de se procurer l'argent – plus rare chaque jour – nécessaire pour payer les impôts et satisfaire de nouveaux besoins, il est à craindre que la décomposition graduelle de leurs institutions, conjointement à la perte de leur richesse nationale, ne transforme les fiers et honorables Balinais de la présente génération en coolies, voleurs, mendiants et prostituées, et qu'elle ne provoque, à la longue, une catastrophe sociale et morale... Il serait futile de préconiser des mesures pour prévenir la marche impitoyable de l'occidentalisation; on ne peut pas empêcher le tourisme, les besoins du commerce ne seront pas restreints pour des raisons sentimentales [ou morales], et le pouvoir des sociétés missionnaires est souvent immense.»[5]

Sir George Watt écrivait, en 1912: «Malgré les dommages pour l'art indien, et pour les personnes, qui pourraient en résulter, nous devons laisser libre cours au progrès qui suit l'aventure industrielle de la civilisation.»[6] La même année, Gandhi déclarait que «l'Inde est écrasée, non par le joug de la domination anglaise, mais par celui de la civilisation moderne». Dans une lettre ouverte à Gilbert Murray, Rabindranath Tagore écrivait qu'«il n'est plus de peuple dans toute l'Asie qui ne regarde l'Europe avec crainte et soupçon»[7]. Lorsque je fis remarquer à une ouvrière que l'attitude des Allemands en Belgique était épouvantable, elle répliqua: «Oui, et encore heureux que les Belges ne soient pas traités comme des nègres du Congo.»

La civilisation moderne tient pour établi que plus les gens veulent de choses et sont capables de les obtenir, plus ils sont heureux; ses valeurs sont quantitatives et matérielles.

La question: «Que vaut cette personne?» signifie: «Combien gagne-t-elle?» Récemment, un orateur, au Boston College, qualifiait la civilisation occidentale de «fléau pour l'humanité»; et ceux qui reconnaissent à présent son reflet dans le miroir japonais partagent sans aucun doute la même opinion. Néanmoins, Henry A. Wallace, alors vice-président des États-Unis, dans une allocution pleine de bonnes intentions, fit la promesse qu'une fois la guerre achevée, «les nations les plus anciennes (!) auront le privilège d'aider les nations les plus jeunes à s'avancer sur le chemin de l'industrialisation... Au fur et à mesure que leurs masses apprendront à lire et à écrire et à devenir des mécaniques productives, leur niveau de vie doublera et triplera»[8]. Il n'a pas parlé du prix à payer, pas plus qu'il n'a réfléchi au fait qu'un «progrès» incessant, n'apportant jamais le contentement, revient à condamner tous les hommes à un état de pauvreté irrémédiable. Ainsi que le disait saint Grégoire de Nazianze:

«Si tu pouvais acquérir toutes les richesses de la terre,
Il en resterait encore davantage dont l'absence te laisserait pauvre!»

Pour ce qui est de l'instruction, nous nous contenterons de souligner la connexion significative entre savoir lire et écrire et les «mécaniques productives» (du reste, la «chaîne de montage» rappelle la «chaîne des forçats»); la lecture et l'écriture ne sont de la plus haute importance pour les masses que dans une civilisation quantitative, où l'on doit être capable de lire les avis et les annonces, si l'on veut, sans risque, gagner de l'argent et «élever son niveau de vie». Nous dirons également que, si l'instruction doit permettre aux masses indienne et chinoise de lire ce que lit le prolétariat occidental, elles vivront mieux, du point de vue culturel, avec leur propre littérature classique, dont chacun possède une connaissance orale. Il nous faudra ajouter qu'il est encore vrai que, comme l'écrivait sir George Birdwood en 1880, «notre éducation a détruit en eux l'amour de leur littérature... la joie qu'ils trouvaient dans leurs arts et, pis encore, la sérénité que leur religion traditionnelle et nationale leur apportait. Elle les a dégoûtés de leurs foyers: de leurs parents, de leurs sœurs et même de leurs femmes. Elle a fait naître le mécontentement dans toutes les familles atteintes par ses influences pernicieuses»[9].

Les systèmes d'éducation devraient être des prolongements de la culture de chaque peuple; mais de celle-ci, l'éducateur occidental sait peu de chose et s'en soucie encore moins. Ainsi, O. L. Reiser a déclaré que, après la guerre, les idéaux et la politique américains, loin de tolérer l'autonomie culturelle des autres peuples, domineraient le monde et que toutes les religions et les philosophies pouvaient et devaient être rejetées au profit de l'«humanisme scientifique», appelé à devenir «la religion de l'humanité»[10]. Disons simplement que, si les races occidentales veulent faire quelque chose dans l'avenir pour les peuples dont les cultures ont été broyées par les intérêts du commerce et de la «religion», elles devront commencer par renoncer à ce qui a été appelé avec justesse leur «fureur de prosélytisme» – «hypocrites, car vous parcourez terres et mers en quête d'un seul prosélyte»[11].

Nous oublions que, si beaucoup de peuples d'Asie, pour des raisons assez évidentes, sont insuffisamment pourvus en biens nécessaires à la vie, tous ne sont pas dans le même cas. On oublie que c'est une conception asiatique fondamentale que d'estimer, une fois donné ce qui est nécessaire à la vie, qu'il est illusoire de croire que l'acquisition d'autres biens soit souhaitable. Alors que l'Européen aspire à une vieillesse économiquement indépendante, la perspective indienne propose pour la vieillesse une indépendance du fait économique. Les «cobayes» d'un ouvrage bien connu, en d'autres termes vous et moi, dont les désirs sont continuellement exacerbés par le spectacle et le bruit des publicités (il a été admis que «toutes les industries unissent leurs forces pour imposer dans chaque foyer un plus haut niveau de vie»[12]), ont été comparés par un écrivain indien[13] à un autre animal – « l'âne, devant lequel le conducteur suspend à un bâton attaché à son propre harnais une carotte très appétissante. Plus l'animal court pour attraper la carotte, plus la charrette avance », c'est-à-dire plus les dividendes sont élevés. Nous sommes l'âne, le fabricant est le conducteur, et cette situation nous plaît tant que, dans notre bienveillance, nous aimerions également que les Balinais deviennent des ânes – en même temps que nous demandons s'ils ont déjà été contaminés. « Pollué » veut dire « dégradé », mais le mot a aussi le sens plus sinistre de « spolié » ; et il y a des façons de vivre, ainsi que des biens matériels, dont on peut être « dépouillé ».

Il est bon de préciser que, si nous abordons en grande partie le problème des relations interculturelles sur le plan de l'*art*, nous n'avons pas à l'esprit la conception moderne, esthétique ou sentimentale, de l'art ; nous l'envisageons selon la perspective platonicienne, qui est en même temps universelle, et dans laquelle l'« art » est le principe de la fabrication et rien d'autre que la science de faire toute chose pour le bien physique et métaphysique de l'homme ; et selon laquelle, en conséquence, l'agriculture et la cuisine, le tissage et la pêche sont tout autant des arts que la peinture et la musique. Aussi étrange que cela puisse nous paraître, il ne faut pas oublier que nous ne pouvons prétendre penser *pour* les autres, si nous ne réussissons pas à penser *avec* eux. Dans ce contexte, alors, l'« art » inclut la totalité de la vie active et présuppose la vie contemplative. Désintégrer l'art d'un peuple, c'est détruire sa vie, en le réduisant à l'état prolétarien des bûcherons et des puiseurs d'eau, dans l'intérêt d'un commerçant étranger à qui revient le *bénéfice*. L'emploi des Malais dans les plantations de caoutchouc, par exemple, ne contribue en rien à leur culture et ne fait certainement pas d'eux nos amis : ils ne nous doivent rien. Nous faisons preuve d'une irresponsabilité dont les Orientaux, pour la plupart, sont encore innocents.

Je voudrais illustrer ce que j'entends par responsabilité. J'ai connu des Indiens qui refusèrent avec indignation d'acheter des actions lucratives dans une société hôtelière, parce qu'ils ne voulaient pas s'enrichir en offrant l'hospitalité, et une femme indienne qui ne voulait pas acquérir de machine à laver pour ne pas faire de tort au blanchisseur. Un Européen, Marco Pallis, fit preuve d'un sens égal de la responsabilité en choisissant des cadeaux pour ses amis tibétains: il se donna une peine infinie pour éviter tout objet qui aurait pu tendre à une destruction de la *qualité* de leur niveau de vie.

Le monde moderne a, en fait, abandonné (comme l'a récemment fait remarquer Aldous Huxley) la notion d'une «vie honnête» selon laquelle un homme n'est pas un bon chrétien s'il vit d'usure ou de spéculation, ou un bon bouddhiste s'il fabrique des armes ou des boissons enivrantes. Comme je l'ai dit ailleurs: s'il y a des emplois incompatibles avec la dignité humaine, ou des produits, même lucratifs, qui ne sont pas des *biens* véritables, ces emplois et ces produits doivent être abandonnés par toute société qui a en vue la dignité de l'ensemble de ses membres. Un niveau de vie ne peut être proprement qualifié de «haut» que s'il est évalué du point de vue de la dignité, et non pas uniquement du point de vue du confort.

Les bases de la civilisation moderne sont si profondément corrompues que même les érudits ont oublié que l'homme a toujours tenté de ne pas vivre que de pain. Platon a écrit qu'«il est contraire à la nature des arts de ne chercher dans l'objet que l'utile en négligeant le but»[14]. Saint Thomas d'Aquin dit que «l'artisan est *naturellement* enclin par justice à exécuter son travail fidèlement»[15]. Pour saisir jusqu'à quel point l'industrialisme a amoindri le sens de l'honneur et la volonté naturelle de l'ouvrier d'accomplir du «bon travail», il suffit de lire ce qu'a pu écrire Gilbert Murray en parlant des mécaniciens et du personnel qui construit et révise les avions: «Il me semble merveilleux qu'on ait pu rendre un si grand nombre d'hommes dignes d'une telle confiance»; et encore: «L'Âge des Machines les a faits ainsi *pour la première fois dans l'histoire.*»[16] C'était là une partie de sa défense de la civilisation occidentale dans une lettre ouverte à Rabindranath Tagore. Tout ce que cette abracadabrante histoire d'avions signifie en réalité, bien entendu, c'est que partout où la production est vraiment pour l'usage, et non pas principalement ou uniquement pour le profit, l'ouvrier est *toujours* «naturellement enclin à exécuter son travail fidèlement». Même aujourd'hui, comme l'a remarqué Mme Handy, «la perfection technique demeure l'idéal de l'artisan des îles Marquises»[17]. En Europe, l'instinct du travail bien fait n'a pas été éteint dans la nature humaine, mais seulement étouffé chez les êtres travaillant sans le sens de la responsabilité.

Les anthropologues, en observateurs impartiaux qui n'essaient pas de considérer les arts de manière abstraite, mais dans leur relation à l'ensemble de la structure sociale, ont décrit avec sévérité les effets produits par le contact de l'Occident et des cultures traditionnelles. Ce que dit Mme Handy des habitants des îles Marquises dont «les aspects extérieurs de la culture ont été presque anéantis par les activités destructrices de l'homme blanc»[17], est typique de ce qui pourrait être cité d'une centaine d'autres sources. Des «sauvages» de Nouvelle Guinée, Raymond Firth dit que «leur art est d'une importance fondamentale en tant qu'expression de valeurs sociales complexes»; mais, sous l'influence européenne, «la qualité de cet art a commencé à décliner dans à peu près tous les cas»[18]. C. F. Iklé écrit que, en raison de l'influence du monde occidental, «qui est si empressé d'inonder le reste du globe de produits inférieurs fabriqués en série, détruisant ainsi chez les indigènes les notions de qualité et de beauté, ainsi que la joie créatrice... on peut se demander si l'art magnifique du tissage Ikat pourra survivre longtemps dans les Indes néerlandaises»[19].

Il est vrai que nous avons appris à apprécier les «arts primitifs», mais seulement après les avoir «collectionnés». Nous «conservons» les chants folkloriques alors même que notre style de vie détruit le chanteur. Nous sommes fiers de nos musées où nous exposons les preuves accablantes d'un mode de vie que nous avons rendu impossible. Les «trésors» des musées constituaient, à l'origine, les productions quotidiennes d'hommes vivants; mais, à présent, «en raison du déclin de la culture dans les îles où les objets étaient fabriqués, ceux-ci peuvent être étudiés d'une manière plus satisfaisante dans les musées», tandis que, à leur source, ces «techniques magnifiques et hautement développées ont disparu ou sont en voie d'extinction»[20]. «En voie d'extinction» car, d'après le croisé fataliste, «nous devons laisser libre cours au progrès qui suit l'aventure industrielle de la civilisation»! À quoi l'on peut seulement répliquer que, s'il est *inévitable* qu'il y ait du scandale, «malheur à ceux par qui le scandale arrive». En vérité, qu'est-il donc arrivé récemment aux villes que Caïn avait bâties? Ne croyons pas que cela «ne puisse arriver ici».

Notre «amour de l'art» et notre «appréciation» de l'art primitif, ainsi que nous définissons tout art abstrait et impersonnel, plutôt qu'auto-expressif ou exhibitionniste, n'ont pas éveillé dans nos cœurs le moindre amour pour l'artiste lui-même. Il serait impossible d'imaginer une culture plus dépourvue d'amour et plus sentimentalement cynique que la culture européenne et américaine d'aujourd'hui. Elle s'imagine «voir à travers» toutes choses alors qu'elle ne s'intéresse qu'à elle-même. La froide raison de son érudition «objective», appliquée à l'étude de «ce que les hommes ont cru», n'est qu'une sorte de frivolité, dans laquelle le vrai problème, celui de savoir ce que l'on doit croire, est éludé. L'inversion des valeurs est si grande que l'action, normalement le moyen d'arriver à une fin, est devenue une fin en elle-même et que la contemplation, condition préalable à l'action, en est venue à être dénigrée comme une «fuite» des responsabilités sociales.

Dans le présent essai, nous nous occupons, non pas des relations politiques ou économiques, mais des relations culturelles qui ont réellement subsisté, et par ailleurs devraient subsister, entre les peuples qui se qualifient eux-mêmes d'évolués et ceux qu'ils appellent arriérés, un type de nomenclature qui fait penser au «lion peint par lui-même». Ce n'est pas que nous négligions les rapports sinistres qui lient vos activités culturelles à l'étranger à vos intérêts politiques et économiques. En vérité, il est à craindre que, quand même vous auriez pris la décision d'établir des relations politiques et économiques avec les autres sur une base de justice, vous ne vous croyiez encore investis d'une «mission civilisatrice». Il y a autre chose que des intérêts politiques et économiques derrière la fureur de prosélytisme; derrière tout cela, il y a un fanatisme qui ne supporte aucune sagesse qui ne soit de son époque ou de son genre ni le produit de ses propres calculs pragmatiques. «Il y a une rancœur, a dit Hermès Trismégiste, qui est dédaigneuse de l'immortalité et ne veut pas que nous reconnaissions ce qu'il y a en nous de divin.»[21]

C'est pourquoi l'exportation de votre «éducation» est bien plus scélérate que votre trafic d'armes. Ce qui fut entrepris par les Anglais en Inde quand ils se proposèrent de constituer une classe de personnes «indienne par le sang et la couleur, mais anglaise par ses goûts, ses opinions, sa morale et son intelligence» (lord Macaulay), c'est exactement ce que Middletown, remplaçant «anglais» par «américain», aimerait faire aujourd'hui. C'est ce que les Anglais tentèrent de faire en Irlande où, «en trente ans, l'irlandais fut éliminé si rapidement qu'en 1891, il y avait moins de personnes qui le parlaient dans toute l'île que dans la seule petite province de Connaught trente ans auparavant... La somme de souffrances effroyables qu'entraîna cette politique... n'avait aucune importance pour le ministère de l'Éducation nationale dont le grand objectif était... de réaliser une uniformité anglicisée... On apprend juste aux enfants à avoir honte de leurs parents, de leur nationalité, des noms qu'ils portent»[22]. Chacun aura reconnu le modèle, appliqué de la même manière dans le cas des Indiens «éduqués à l'anglaise» et dans celui des Indiens américains qui ont été soumis à l'ignorance de maîtres d'école ne parlant pas leur langue maternelle.

Tels sont les fruits de la «civilisation» et c'est aux fruits que l'on reconnaît l'arbre. Tout cela ne peut être expié que par le repentir, la rétractation et la restitution. Cette dernière attitude est, en fait, une impossibilité: le séquoia abattu ne peut être replanté. Une civilisation traditionnelle, cependant, survit encore, de manière précaire, dans des oasis «préservées»; et, le moins qu'on puisse dire au monde moderne, c'est: Qu'importe tout ce que vous pourrez dispenser dans vos «guerres de pacification» ou par la voie d'une «pénétration pacifique», mais soyez assez aimables pour réserver votre «éducation scolaire» et vos «écoles de perfectionnement» à votre usage propre. Ce que vous appelez «mission civilisatrice» n'est, à nos yeux, rien d'autre qu'une forme de mégalomanie. Tout ce que nous voulons apprendre de vous, nous vous le demanderons quand nous en ressentirons le besoin. En même temps, si vous choisissez de nous rendre visite, vous serez les bienvenus, et, si quelque chose que nous possédons suscite votre admiration, nous dirons: «C'est à vous.»

Pour le reste, c'est plus dans son propre intérêt qu'en vue d'opérer une restitution que le monde doit «changer son esprit» (se repentir); car, comme la Philosophie le dit à Boèce dans sa détresse: «Tu as oublié qui tu es.» Mais comment cet «animal raisonnable et mortel», ce mental extraverti, peut-il être éveillé? Comment peut-il se souvenir de lui-même et être converti de sa sentimentalité et de sa confiance absolue en un savoir estimatif, à la vie de l'intellect? Comment rendre sa signification à ce monde? Ce n'est pas, bien entendu, par un retour aux formes extérieures du Moyen Âge ni, non plus, par l'assimilation d'un modèle de vie qui survit en Orient ou ailleurs. Mais pourquoi pas par une reconnaissance des principes sur lesquels les modèles sont fondés? Ces principes, sur lesquels repose encore la vie «préservée» de l'Orient, doivent au moins être saisis, respectés et compris si le provincial occidental veut devenir citoyen du monde. Même la bonté du monde moderne est dépourvue de principes; son «altruisme» ne se fonde plus sur la connaissance du Soi de tous les êtres et, par conséquent, sur l'amour du Soi, mais seulement sur une inclination égoïste. Et qu'en est-il de ceux qui ne sont pas enclins à être désintéressés? Existe-t-il une norme intellectuelle suivant laquelle ils puissent être blâmés?

Si jamais l'abîme qui sépare l'Orient et l'Occident, abîme dont nous sommes sans cesse plus conscients au fur et à mesure que des contacts physiques s'imposent à nous, doit être comblé, ce sera seulement par un accord sur les principes et non par une participation à des formes communes de gouvernement ou à des méthodes communes de fabrication et de distribution. Comme l'a dit Kierkegaard, ce n'est pas de nouvelles formes de gouvernement mais d'un nouveau Socrate dont le monde a besoin. Une philosophie identique à celle de Platon est toujours une force vive en Orient. Nous disons que le monde moderne est un corps sans tête; dans les livres orientaux, on enseigne comment remettre les têtes à leur place. C'est un enseignement sacrificiel et préoccupé des réalités: extérieurement un rite, intérieurement une renaissance.

Proposer un accord sur les principes ne nécessite pas ou n'implique pas que le monde occidental doive s'orientaliser; entre gens bien élevés, la propagande n'est pas de mise, et chacun est tenu de faire usage des formes qui conviennent à sa propre constitution psychophysique. C'est l'Européen qui veut pratiquer le yoga; l'Oriental, lui, fait remarquer qu'il possède déjà ses propres disciplines contemplatives. Nous devons voir qu'une reconnaissance des principes selon lesquels l'Orient vit toujours, et dont on peut observer les applications pratiques (et peu nombreux sont ceux qui contesteront que les peuples demeurés jusqu'ici «préservés» sont plus heureux que ceux qui ont été contaminés), ramènerait le monde moderne de «réalité appauvrie», où l'on soutient qu'«une connaissance qui n'est pas empirique n'a pas de sens», au philosophe qui a nié que la connaissance soit dépendante des sensations et soutenu que tout savoir est réminiscence.

Ils ne peuvent nous aider ceux qui, pour citer Platon, «pensent que seul existe ce qu'ils peuvent saisir fermement avec leurs mains». Je répéterai ici ce que j'ai dit ailleurs: «L'Européen, dans son propre intérêt et dans celui de tous les hommes d'un monde futur, doit non seulement cesser de nuire aux autres peuples du monde et de les exploiter, mais aussi renoncer à la conviction vaniteuse qui lui est chère et selon laquelle il peut faire le bien autrement qu'en étant bon lui-même.» Je suis loin de croire que l'Européen soit incapable de bonté.

En conclusion, je voudrais dire que les quelques Européens qui travaillent dans le domaine oriental, à qui mes critiques ne s'appliquent pas, seront les derniers à les désapprouver. Aussi, ce que j'ai dit, vous ne l'entendrez pas dans la bouche des Orientaux ayant déjà reçu une éducation anglaise, qui sont trop souvent contaminés et avec qui vous êtes en mesure de converser[23]. Je parle au nom d'une majorité, lettrée et illettrée, qui ne s'exprime pas, en partie par inclination et en partie parce que, à plus d'un égard, elle ne parle pas votre langage. Je parle pour ceux qui, jadis, «se sont inclinés devant l'Occident avec un patient et profond dédain», et qui n'en constituent pas moins une puissance aujourd'hui, même si vous ne pouvez les connaître ou les entendre.

---

1. G. La Piana, dans *Harvard Divinity School Bulletin*, XXVII, p. 27.
2. Eric Gill, *Autobiography*, New York, 1942, p. 174.
3. René Guénon, *Orient et Occident*, Paris, 1924.
4. A. N. Whitehead, *Adventures of Ideas*, 1933, p. 358.

5. M. Covarrubias, *Island of Bali*, 1942. Voir Colin McPhee, «Ankloeng Gamelans in Bali», *Djawa*, nos 5 et 6, septembre-décembre 1937, p. 348: «Les cinq dernières années, avec le rythme changeant de la vie et les bienfaits de l'éducation, ont connu les changements les plus rapides, le mélange le plus irresponsable d'éléments hétérogènes dans la musique et l'art dramatique. On peut se demander ce qui subsistera dans dix ans de ce qui fut un art autrefois.» Avant de pouvoir parler sagement de coopération, il faut d'abord se rendre compte, ainsi que le chroniqueur du *New English Weekly* l'a récemment fait remarquer, que «la quasi-totalité de l'humanité orientale, la plus grande partie de la race humaine, y compris l'URSS, a des ambitions sociales à l'extrême opposé des Américains». Toutes les possibilités de coopération sont liées à un accord sur les fins, alors que presque tous les projets de l'heure actuelle ne concernent que les moyens et, ordinairement, l'application des moyens occidentaux aux situations orientales.

6. Sir George Watt, *Indian Art at Delhi*, Londres, 1912, p. 72. C'est la forme moderne de l'hérésie des Amauriens; l'homme déterminé économiquement, sans libre arbitre, est par là même irresponsable; ce n'est pas sa faute, c'est celle de la fatalité! Voir Sir George Birdwood, *Sva*, p. 84-85: «En Angleterre... où chaque intérêt national est sacrifié aux impératifs de la rivalité internationale sans restriction, et où, par voie de conséquence, l'agriculture, seul fondement sûr de la société, dépérit... son dernier résultat, le contraste aigu, cruel et violent qu'offrent le West End et l'East End de Londres. L'Europe et l'Amérique désirent-elles réduire toute l'Asie à un East End?» Et K. E. Barlow (dans *Purpose*, XI, 1939, p. 245): «Dans notre monde quotidien, le principe de l'exploitation sans responsabilité a provoqué un désordre dans la société et dans la nature qui stupéfie quiconque réfléchit... Il est devenu évident que notre civilisation est sur une voie qu'elle ne pourra pas suivre longtemps.»

7. Rabindranath Tagore et Gilbert Murray, *Open Letters, East and West*, Paris, 1932, p. 44.

8. Henry A. Wallace, alors vice-président, dans un discours de 1943. Et comme le président Roosevelt l'a dit justement: «Jamais plus les États-Unis ne devront s'isoler du reste de l'humanité»; mais il montre, par ce qu'il déclare ensuite: «Je suis persuadé que le commerce extérieur des États-Unis pourra tripler après la guerre – créant des millions d'emplois nouveaux», qu'il n'avait pas en vue le cœur de la question, à savoir l'abandon de l'isolement *culturel* de l'Amérique. Quant au «prix» de l'industrialisme, il faut tout d'abord reconnaître que le «niveau de vie» américain, jugé selon des normes qualitatives, est souverainement méprisable, en même temps que l'artiste, désormais un parasite et non plus un membre de la société, «est devenu le pékinois des riches» (Erich Meissner, dans *Germany in Peril*, 1942, p. 42). «Les produits standardisés de nos usines et de nos fabriques sont une honte pour la civilisation américaine» (Mgr G. B. O'Toole, dans son avant-propos à *Is Modern Culture Doomed*? de Krzesinski, 1942). Du côté du vendeur et du producteur: «Les machines modernes et leur progrès irrésistible remplissent ces hommes d'une frénésie mystique» (Meissner, *ibid.*, p. 115) et, «en fin de compte, l'homme... se soumet à une discipline qui le transforme lui-même en machine» (Ernst Niekisch, cité par Meissner, *ibid.*). Les propos du vice-président Wallace et deux publicités américaines actuelles, très révélatrices, en fournissent la preuve dramatique. La première réclame représente derrière son comptoir un vendeur qui déclare: «Fait à la main? Bien sûr que non! Voyons, presque tous les articles de cette boutique sont faits par des machines, de nos jours. Autrement, je n'en vendrais pas la moitié et vous ne pourriez pas les acheter: ils coûteraient trop cher.» L'autre comporte un «poème» intitulé «Ma Machine», dont voici les premières lignes:

«Il y a beaucoup d'autres machines, mais celle-ci est la mienne.
Elle fait partie de moi, je fais partie d'elle.
Nous sommes un.
Elle ne s'arrête pas – sauf si j'oublie.»

Dans l'un et l'autre cas, aucune référence n'est faite à la qualité de l'homme ou à celle du produit.

«On peut remarquer que la machine est, en un certain sens, le contraire de l'outil, et non point un "outil perfectionné" comme beaucoup se l'imaginent, car l'outil est en quelque sorte un "prolongement" de l'homme lui-même, tandis que la machine réduit celui-ci à n'être plus que son serviteur; et, si l'on a pu dire que "l'outil engendra le métier", il n'est pas moins vrai que la machine le tue; les réactions instinctives des artisans contre les premières machines s'expliquent par là d'elles-mêmes» (René Guénon, *Le Règne de la quantité et les signes des temps*, Paris, 1970, p. 86, note). Selon Ruskin: «Ce grand cri de douleur qui s'élève de toutes nos cités industrielles et qui couvre le bruit de leurs hauts fourneaux, ne montre en réalité qu'une seule chose: ici, nous fabriquons tout, excepté des hommes» (*Stones of Venice*, Œuvres de Ruskin, vol. X, p. 196); et, «on ne peut remédier à ce mal à l'aide de plus hauts salaires, de maisons plus confortables et d'une meilleure alimentation» (Meissner, *ibid.*, p. 42). «Si vos véritables idéaux visent au rendement matériel, alors plus tôt vous saurez ce que vous voulez et en affronterez les conséquences, et mieux ce sera... Plus un pays est fortement industrialisé, plus il y a de chances qu'une philosophie matérialiste s'y développe, et plus cette philosophie sera mortelle... L'industrialisme effréné tend à créer des masses d'hommes et de femmes détachées de la tradition, étrangères à la religion et ouvertes à la suggestion de masse: en d'autres termes, il tend à créer une plèbe. Et la plèbe sera toujours la plèbe, même si elle est bien nourrie, bien vêtue, bien logée et bien disciplinée» (T. S. Eliot, dans *The Idea of a Christian Society*).

«Il est douteux que la vie puisse être valablement vécue sans une relation consciente avec une tradition. Ceux qui vivent sans cette relation vivent comme une sorte de prolétariat moral, sans racines et sans fidélité. Car, pour avoir un sens, la vie a besoin de forme, et la forme est le fruit d'une qualité de pensée et de sentiment qui façonne une tradition» (Dorothy M. Emmet, dans *The Nature of Metaphysical Thinking*, 1946, p. 163).

La félicité nécessite plus que le bien-être physique. Le visage d'un paysan indien n'a ni le caractère vide des singes grimaçants et des prostituées qui sont l'idéal des publicitaires américains, ni l'expression d'anxiété qui caractérise l'Américain «ordinaire» dans la vie quotidienne. «En dépit de nos énormes progrès technologiques, nous ne sommes pas spirituellement, et en tant qu'êtres humains, les égaux de l'aborigène australien ou de l'Esquimau moyen: nous leur sommes résolument inférieurs» (M. F. Ashley Montagu, «Socio-Biology of Man», *Scientific Monthly*, juin 1942, p. 49).

9. Sir George Birdwood, *Industrial Arts of India*, 1880.

10. O. L. Reiser, *A New Earth and a New Humanity*, New York, 1942, p. 209.

11. Saint Matthieu, 23. 15.

12. «On peut se demander si tout ce qu'une machine fabrique pour un usage directement humain est générateur de bien pour l'homme» (dans *The Nation*, 27 novembre 1943). L. Ziegler, dans *Forum Philosophicum*, I, 87, 88: «Tout article qui ne répond pas à un besoin existant est, par-dessus tout, la chose au monde la plus superflue... Il faut tout d'abord susciter artificiellement un besoin là où il n'existait pas... L'organisation économique actuelle est conçue pour la stimulation, voire même la "création" de besoins... comme si les salaires et les revenus pouvaient, d'une manière ou d'une autre, suivre la même allure que ce besoin de marchandises éveillé artificiellement... L'incessant déploiement de marchandises que suscite la mode, confère un caractère de nécessité à une masse d'articles si variée et si illimitée que même le pouvoir d'achat des riches s'avère insuffisant, tandis que les pauvres semblent condamnés à une pauvreté inimaginable jusqu'alors. De ce point de vue, la finance moderne se révèle comme l'ennemie de la société, et même, comme sa destructrice.» Car il faut noter, avec Albert Schweitzer, que «chaque fois que le commerce du bois marche bien, une famine permanente règne dans la région de l'Ogooué». Les guerres modernes n'existent en fait que pour assurer des marchés mondiaux; autrement

dit, afin que tous les peuples "arriérés" soient contraints d'acheter une quantité annuelle de gadgets à ceux qui se qualifient eux-mêmes d'"évolués"».

Ici, cependant, ce sont les effets moraux de la fabrication en vue du profit dont nous nous occupons, et spécialement son effet sur ceux qui sont contraints, d'une part, de fournir des matières premières et, de l'autre, d'acheter des gadgets manufacturés. Non seulement le passage d'une économie d'échange à une économie monétaire est, en réalité, celui «d'une économie d'abondance à une économie de pénurie» (Parsons, *Pueblo Indian Religion*, 1939, p. 1144), mais il s'agit aussi de l'empoisonnement de la vie de peuples heureux, de leur culture détruite pour satisfaire l'avidité saurienne des «démocraties» ploutocratiques.

Dans les Balkans, par exemple, «il y avait deux sortes de gens. Il y avait le peuple tel qu'il a toujours été depuis le commencement des temps, travaillant dans les villages, les petites villes et les capitales. Mais il y avait aussi un nouveau peuple, engendré par les nouvelles villes que le développement industriel et financier du XIXe siècle avait fait naître partout en Europe... Ces gens d'une nouvelle sorte avaient été dépossédés de leur tradition raciale et ne disposaient d'aucun héritage de sagesse; élevés sans jardin, destinés à travailler sur des machines, ils étaient, pour la plupart, dénués de l'éducation que confère l'artisanat; et ils avaient plus que jamais besoin de cette sagesse et de cette éducation, parce qu'ils vivaient dans des conditions de frustration et d'insécurité inconnues jusqu'alors» (Rebecca West, *Black Lamb and Grey Falcon*).

«Le progrès scientifique, le discrédit de la religion et le triomphe durable du capitalisme ont concentré l'essentiel de la personnalité de l'homme occidental sur un seul but: le succès dont l'unique preuve est l'acquisition continuelle de l'argent... Mais ce genre de formation, tandis qu'elle met l'accent sur l'amour-propre et le succès, libère en même temps une agressivité extraordinaire qui revêt tant de formes cruelles. L'agressivité intériorisée a pour résultat le masochisme, des sentiments d'infériorité, la passivité et d'autres formes de faiblesse. Extériorisée, c'est le sadisme, la rivalité extrême, l'envie et les conflits, dont le paroxysme social est la guerre. L'émulation, qui inspire toute la formation psychologique, n'est pas un mal en soi, car elle peut faire naître un être solide et confiant en lui-même; mais, dans une économie de pénurie comme la nôtre, le contact entre le système social et une personnalité essentiellement concentrée sur la course au succès accable la vie de la plupart des êtres humains d'une tension et d'une insécurité pour lesquelles un seul terme est adéquat: la névrose perpétuelle» (Delmore Schwartz, compte rendu de deux livres d'Abram Kardiner, *The Individual and His Society* et *The Psychological Frontiers of Society*, 1939 et 1945, dans *The Nation*, 12 janvier 1946, p. 46-48).

Il est désormais évident que les hommes entendent maintenant par «civilisation» une forme essentiellement vicieuse et destructrice, ou que ce qui est appelé «progrès» est à la fois suicidaire et meurtrier. «La civilisation, telle que nous l'avons sous les yeux, ne peut s'achever que par un désastre» (G. H. Estabrooks, *Man the Mechanical Misfit*, New York, 1941, p. 246); ou, comme le disent si bien C. H. Grattan et G. R. Leighton, «il n'est personne qui recherche la paix et la tranquillité pour s'occuper de commerce international» (dans *Harper's Magazine*, août 1944). Mais les catastrophes d'aujourd'hui ne sont que les prémices de l'écroulement futur.

13. J. C. Kumarappa. Voir Philon d'Alexandrie, *De specialibus legibus*, IV, 80 *sq*.

14. *République*, 342 b, 347 a, etc.

15. *Summa Theologica*, I-II, 57, 3 et 2. Le terme *justitia* a ici le sens de *dichaiosunê* (= *dharma*), comme chez Platon, *République*, 433 a, et chez *saint Matthieu*, 6. 33.

16. *Open Letters, East and West*.

17. *Art des Îles Marquises*, 1938. Voir les propos de deux critiques de l'ouvrage de J. F. Embree, *Suye Mura, a Japanese Village*. L'un remarque que, dans cet ouvrage, «nous voyons un petit groupe de familles japonaises vivre, travailler et lutter quotidiennement

pour gagner leur pain, éduquer leurs enfants et mener une vie toute simple, de la manière commune aux gens partout ailleurs»; l'autre, que «son livre apporte la preuve qu'il faudra plusieurs longues années pour occidentaliser le paysan japonais». Plus les «longues années» seront nombreuses, meilleur ce sera pour la paix et le bonheur des paysans japonais et du monde!

Les propos de H. N. Brailsford, pour qui «la barrière des castes devra être brisée si l'on veut fournir du travail industriel aux cultivateurs en surnombre», contrastent avec ceux du sociologue S. Chandrasekhar, qui attire l'attention sur le fait que «le développement en Inde de l'industrie cotonnière, qui emploie aujourd'hui environ 430 000 travailleurs, a en fait mis au chômage quelque six millions d'artisans des métiers à tisser, contraints de se rabattre sur une économie agraire déjà surpeuplée». On peut se demander si le culte du rouet de Gandhi n'est pas un moyen plus pratique et plus réaliste que celui de M. Brailsford de s'occuper de la pauvreté indienne.

18. *Art and Life in New Guinea,* 1936, p. 31, 32. Voir Tom Harrisson, *Savage Civilization, passim.*

19. *Bobbin and Needle Club,* New York, 1931, XV, p. 56.

20. G. A. Reichard, *Melanesian Design,* 1931, p. 1, 90.

Un correspondant cinghalais m'a récemment demandé: «Si Dieu apparaissait sur Terre et demandait à voir les Aztèques, les Incas, les Peaux-Rouges, les Aborigènes australiens et d'autres races qui disparaissent lentement, les nations civilisées lui feraient-elles visiter votre grand musée?»

21. Asclepius 1. 12 b (Scott, *Hermetica,* I. 309).

22. Douglas Hyde, *Literary History of Ireland,* 1899, p. 630-644.

23. Par exemple, le professeur F. S. C. Northrop, dans son *Meeting of East and West,* 1946, p. 434, cite Jawaharlal Nehru, «l'humaniste cultivé», pour prouver que les «jeunes Indiens et d'autres Orientaux» sont impatients d'apprendre «ce que l'Occident a à enseigner au sujet de la science et de ses applications», ce qui est assez vrai, mais ne trouve guère sa place dans un ouvrage destiné à montrer que les idéologies orientales et occidentales sont différentes; il oublie Śrī Bharata Kumarappa, qui dit: «Nous devons savoir pourquoi exactement nous voulons travailler: la simple prospérité matérielle ou le développement humain», et qui déplore que, parmi les socialistes, «la question de savoir si une abondance de biens est nécessaire au bien-être humain n'est même jamais soulevée».

Chapitre II

L'ILLUSION DE L'INSTRUCTION

Il était possible à Aristote[1], partant de cette prémisse : un homme réellement cultivé peut *aussi* devenir instruit, de demander s'il y a un rapport nécessaire ou simplement accidentel entre l'instruction et la culture. Une telle question ne se pose guère pour nous, pour qui le manque d'instruction implique tout naturellement l'ignorance, l'arriération, l'inaptitude à l'autonomie : pour nous, des peuples peu lettrés sont des peuples non civilisés, et inversement. Comme l'exprime une récente bande de lancement d'un livre : « La plus grande force de la civilisation est la sagesse collective d'un peuple instruit. »

Des raisons existent qui expliquent ce point de vue ; elles sont inhérentes à la distinction entre un peuple et un prolétariat, entre un organisme social et une fourmilière humaine. Pour un prolétariat, savoir lire et écrire est une nécessité pratique et culturelle. Nous ferons remarquer au passage qu'une chose nécessaire n'est pas toujours un bien en elle-même, hors de son contexte ; certaines, comme les jambes de bois, ne sont utiles qu'aux hommes déjà estropiés. Quoi qu'il en soit, il demeure que l'instruction est une nécessité *pour nous* et cela à deux égards : 1°) parce que notre système industriel ne peut fonctionner et des bénéfices ne peuvent être réalisés qu'avec des hommes qui possèdent au moins une connaissance élémentaire des « trois R » *; et 2°) parce que là où il n'y a plus aucun rapport nécessaire entre l'« habileté manuelle » (à présent une « économie de gestes » qui permet de gagner du temps, plutôt qu'un contrôle du produit) et la « sagesse », la possibilité de la culture dépend largement de notre capacité à lire les meilleurs livres. Nous disons « possibilité » ici car, alors que l'instruction que procure en réalité une éducation obligatoire de masse n'implique souvent rien de plus que la capacité et le désir de lire journaux et publicités, un homme véritablement cultivé, dans ces conditions, sera celui qui aura étudié de nombreux livres dans de nombreuses langues. Il ne s'agit pas là d'une connaissance qui puisse être livrée à tous par « contrainte » (même si *n'importe quelle* nation pouvait offrir des professeurs en quantité et qualité suffisantes) ou qui puisse être acquise par chacun, quelle que soit son ambition.

Nous avons accordé que dans les sociétés industrielles, où l'on tient pour établi que l'homme est fait pour les affaires et où les hommes sont cultivés – quand ils le sont – malgré, plutôt qu'en raison de leur milieu, savoir lire et écrire est un talent nécessaire. Il s'ensuivra naturellement que *si,* suivant le principe « la misère aime la compagnie », nous projetons d'industrialiser le reste du monde, il est aussi de notre devoir de lui apprendre l'anglais de base ou quelque chose du même genre – l'américain est déjà une langue de relations purement extérieures, une langue de marchands –, de peur que les autres peuples ne soient pas en mesure de nous concurrencer efficacement. La concurrence est le nerf du commerce et les bandits doivent avoir des rivaux.

Mais un problème nous occupe ici, à savoir le postulat selon lequel l'instruction serait « un bien formidable et une condition indispensable de la culture »[2], y compris pour les sociétés non encore industrialisées. L'immense majorité de la population mondiale est encore sans industries et peu lettrée, de même qu'il existe des peuples encore «préservés» (à l'intérieur de Bornéo); mais l'Américain moyen, qui ne connaît aucun autre style de vie que le sien, estime que «sans instruction» signifie «sans culture», *comme si* cette majorité constituait seulement une classe sous-développée au sein de son propre milieu. C'est la raison pour laquelle (il en existe d'autres plus méprisables qui ne sont pas étrangères aux intérêts «impérialistes»), lorsque nous nous proposons non seulement d'exploiter mais encore d'éduquer «les races inférieures sans loi (c'est-à-dire *notre loi*)», nous leur infligeons des blessures profondes et souvent mortelles. Nous disons «mortelles» ici plutôt que «fatales», parce que c'est précisément une destruction de leur *mémoire* dont il s'agit. Nous oublions que l'«éducation» n'est jamais créatrice, mais que c'est une arme à double tranchant, toujours destructrice, soit de l'ignorance, soit de la connaissance, selon que l'éducateur est sage ou sot. Trop souvent il arrive que les sots se précipitent là où les anges n'osent s'aventurer.

Pour combattre ce préjugé complaisant, nous tenterons de montrer 1°) qu'il n'y a pas de rapport nécessaire entre instruction et culture, et 2°) qu'imposer notre instruction (et notre «littérature» contemporaine) à un peuple cultivé, mais illettré, revient à détruire sa culture au nom de la nôtre. Par souci de brièveté, nous admettrons en postulat que la «culture» implique une qualité idéale et une perfection de la forme qui peuvent être réalisées par tous les hommes, quelle que soit leur condition; et puisque nous traitons de la culture, principalement en tant qu'elle s'exprime par des mots, nous l'identifierons à la «poésie»; nous n'avons pas en vue cette poésie moderne qui babille à propos de vertes prairies ou qui reflète uniquement un comportement social ou nos réactions personnelles face aux événements «quotidiens»; mais nous faisons allusion à ce genre littéraire qu'est la littérature prophétique, qui comprend la Bible, les Vêdas, les Eddas, les grandes épopées et, d'une manière générale, les «meilleurs livres du monde», et les plus philosophiques, si nous sommes d'accord avec Platon pour penser que «l'émerveillement est le commencement de la philosophie». Parmi ces «livres», beaucoup existaient longtemps avant d'être transcrits, beaucoup n'ont jamais été transcrits, et d'autres ont été ou seront perdus.

Nous allons devoir, à présent, donner quelques citations tirées d'ouvrages d'auteurs dont la «culture» ne peut être contestée; car, tandis que ceux qui sont uniquement instruits sont souvent très fiers de leur instruction, si faible soit sa valeur, seuls les hommes qui ne sont «pas seulement instruits mais aussi cultivés» ont reconnu que les «lettres» ne pouvaient être, au mieux, qu'un moyen en vue d'une fin, mais jamais une fin en soi – en d'autres termes, que «la lettre tue». Un homme de «lettres» s'il en fut jamais, le professeur G. L. Kittredge, écrit[3]: «Concevoir un poète comme une personne ne sachant pas écrire et qui chante ou récite des vers à un auditoire qui ne sait pas lire requiert un effort conjugué de la raison et de l'imagination... L'aptitude de la tradition orale à transmettre un grand nombre de vers pour des centaines d'années est établie et reconnue... À cette littérature orale, comme les Français l'appellent, l'éducation n'est pas favorable. L'alphabétisation la détruit, avec parfois une rapidité effrayante. *Quand une nation apprend à lire... ce qui était autrefois la propriété du peuple tout entier devient l'héritage des seuls illettrés et ne tarde pas, s'il n'est recueilli par le folkloriste, à disparaître complètement.*» Notons également que cette littérature orale appartenait jadis «à l'ensemble du peuple... la communauté dont les intérêts intellectuels sont les mêmes du haut en bas de l'édifice social», tandis que, dans la société qui lit, elle n'est accessible qu'aux folkloristes et n'est plus reliée à la vie quotidienne. Un autre point important est que les littératures orales traditionnelles intéressent non seulement toutes les *classes,* mais également tous les *âges* de la population; en revanche, les livres qui, de nos jours, sont écrits expressément «pour les enfants» sont tels qu'aucun esprit mûr ne pourrait les supporter; à présent, seules les bandes dessinées séduisent à la fois les enfants, à qui rien n'a été donné de mieux, et les «adultes» qui n'ont jamais grandi.

La musique est mise au rebut exactement de la même manière; les chansons folkloriques sont perdues pour le peuple en même temps qu'elles sont recueillies et répertoriées; du reste, la «conservation» de l'art d'un peuple dans les musées est un rite funéraire, de même que l'embaumement n'est nécessaire qu'après la mort du patient. Nous ne devons pas non plus supposer que les «*community singings*»* puissent prendre la place des chansons folkloriques; leur niveau ne peut être supérieur à celui de l'anglais de base que l'on apprend à nos étudiants pour qu'ils puissent comprendre au moins le langage de leurs manuels.

En d'autres termes, «l'éducation obligatoire universelle, du type introduit à la fin du siècle dernier, n'a pas répondu à l'attente: produire des citoyens plus heureux et plus efficaces; au contraire, elle a créé des lecteurs de la presse à sensation et des amateurs de cinéma» (Karl Otten). Un maître qui non seulement sait lire, mais aussi *écrire* en latin et en grec classique de manière remarquable, observe que «l'accroissement quantitatif de l'instruction, ou de ce qui en tient lieu, ne fait guère de doute, mais au milieu de la satisfaction générale due au fait que quelque chose se multiplie, on ne cherche pas à savoir si cet accroissement est avantageux ou préjudiciable». Il parle seulement des «pires effets» de l'instruction forcée et conclut: «Le savoir et la sagesse ont été souvent séparés; la conséquence peut-être la plus évidente de l'instruction moderne a été de maintenir et d'agrandir ce fossé.»[3]

Douglas Hyde remarque que «c'est en vain que des visiteurs désintéressés ont écarquillé les yeux d'étonnement au spectacle d'instituteurs ne sachant pas un mot d'irlandais, désignés pour faire la classe à des élèves ne sachant pas un mot d'anglais... Des enfants intelligents, possédant un vocabulaire d'usage quotidien d'environ trois mille mots, entrent dans les écoles de l'État pour en sortir, leur vivacité naturelle disparue, leur intelligence presque complètement minée, la maîtrise splendide de leur langue maternelle perdue pour toujours ; tout cela en échange d'un vocabulaire de cinq à six cents mots anglais, mal prononcés et incorrectement employés... Les histoires, les lais, les poèmes, les chansons, les aphorismes et les proverbes, en un mot l'héritage unique de celui qui parle irlandais, ont disparu pour toujours *et ne sont remplacés par rien d'autre*... On apprend seulement aux enfants à avoir honte de leurs parents, de leur nationalité, de leur nom... c'est un remarquable système d'"éducation" »[4]. C'est le système que vous, Américains « civilisés et instruits », avez infligé à vos Amérindiens, et que toutes les races impérialistes infligent encore à leurs peuples sujets et aimeraient imposer à leurs alliés – les Chinois, par exemple.

Il s'agit là du problème des langues et de leur contenu. Pour ce qui est de la langue, il faut d'abord avoir à l'esprit qu'on ne connaît aucune « langue primitive » qui aurait un vocabulaire borné à la seule expression des relations extérieures les plus simples. Cette pauvreté n'est pas originelle ; elle est bien plutôt ce à quoi tendent les langues, dans certaines circonstances et comme conséquence de philosophies « rien-de-plusistes » ; par exemple, l'« instruction » américaine n'est, à 90 %, qu'affaire de deux syllabes[5].

Au XVIIe siècle, Robert Knox disait des Cinghalais que « les laboureurs et les paysans ordinaires parlent de façon élégante et avec plein de compléments. Il n'y a pas de différence, pour le langage, entre les paysans et les courtisans »[6]. De nombreux témoignages identiques pourraient être apportés du monde entier. Ainsi, J. F. Campbell écrivait à propos du gaélique : « Je suis enclin à penser que le meilleur dialecte est celui que parlent les gens les plus illettrés dans les îles... des hommes à l'esprit clair et à la mémoire admirable, généralement vieux et très pauvres, vivant à l'écart sur des îles éloignées et parlant seulement le gaélique »[7] ; et il cite Hector Maclean qui note que la perte de leur littérature orale est due «en partie à la lecture... en partie à des idées religieuses bigotes et en partie à d'étroites conceptions utilitaires» – qui sont précisément les trois formes typiques par lesquelles la civilisation moderne a laissé son empreinte sur les cultures plus anciennes. Alexander Carmichael dit que «pour les habitants de Lewis, comme pour ceux de la Haute Écosse et des Îles d'une manière générale, les Écritures sont toujours présentes dans leurs âmes et ils en font usage dans leurs propos... Aucun peuple n'a peut-être un rituel plus complet de chansons et d'histoires, de rites séculaires et de cérémonies religieuses... que les incompris et prétendus illettrés *highlanders* d'Écosse»[8].

St. Barbe Baker nous raconte qu'en Afrique centrale, «(son) ami et homme de confiance était un vieil homme ne sachant ni lire ni écrire, mais connaissant profondément les histoires du passé... Les vieux chefs de tribu écoutaient, fascinés... Avec le présent système d'éducation, il y a de sérieux risques qu'une grande partie en soit perdue»[9]. W. G. Archer fait remarquer qu'«à la différence du système anglais dans lequel on pourrait passer sa vie sans entrer en contact avec la poésie, le système tribal des Uraons utilise la poésie comme un appendice vital à la danse, aux mariages et aux récoltes – activités auxquelles tous se joignent car elles font partie intégrante de leur vie tribale», ajoutant que, «s'il fallait déterminer le facteur qui a entraîné le déclin de la culture dans les villages anglais, nous dirions que c'est l'alphabétisation»[10]. Dans une Angleterre plus ancienne, comme Prior et Gardner nous le rappellent, «même l'homme ignorant et inculte connaissait la signification des sculptures que seuls les archéologues expérimentés savent à présent interpréter»[11].

L'anthropologue Paul Radin fait observer que «l'altération de toute notre vie psychique et de toute notre perception des réalités extérieures suscitée par l'invention de l'alphabet, lequel a tendu exclusivement à élever la pensée et la réflexion au rang de preuve exclusive de toutes les vérités, ne s'est jamais produite parmi les peuples primitifs». Quant au «progrès», Radin affirme que rien ne pourra être accompli en ethnologie «tant que les chercheurs ne se seront pas débarrassés une fois pour toutes de la notion singulière selon laquelle tout possède une histoire évolutive, tant qu'ils n'auront pas pris conscience que certaines idées et certains concepts sont aussi fondamentaux pour l'homme»[12] que sa constitution physique. «Il n'est plus permis d'établir une distinction entre les peuples à l'état de nature et les peuples civilisés.»[13]

Jusqu'ici, nous n'avons pris en considération que les opinions des lettrés. Tom Harrisson, rapportant ce qu'il a vu aux Nouvelles Hébrides, évoque un contexte et une vision réellement «sauvages». «C'est en écoutant et en observant que les enfants sont éduqués... sans l'écriture, la mémoire est parfaite, la tradition exacte. À l'enfant qui grandit, on apprend tout ce qu'on sait... Les réalités intangibles concourent à tous les efforts dans la fabrication du canoë, de la conception à la construction... On peut considérer les chansons comme des contes... La structure et la matière des milliers de mythes que chaque enfant apprend (souvent par cœur et certaines histoires durent des heures) constituent une véritable bibliothèque... Les auditeurs sont pris dans des rets de mots tissés.» Leurs conversations ont «des mots d'une précision et d'une beauté que nous ne connaissons plus». Et que pensent-ils de nous? «Les indigènes ont facilement appris à écrire après le contact avec la civilisation blanche, mais ils regardent cela comme un acte curieux et inutile. Ils demandent: "L'homme ne peut-il pas se souvenir et parler?"»[14] Ils pensent que nous sommes «fous» et il se peut qu'ils aient raison.

Quand nous nous proposons d'«éduquer» les Océaniens, c'est généralement afin de nous les rendre plus utiles (de l'aveu général, tel était, au commencement, l'objet de l'«éducation anglaise» en Inde), ou de les «convertir» à notre manière de penser; notre but n'est pas de leur faire connaître Platon. Mais si, d'aventure, nous lisions – ou s'ils lisaient –

Platon, nous serions – ils seraient – probablement très étonnés de constater que leur protestation «L'homme ne peut-il *se souvenir?*» est aussi la sienne[15]. Car, dit-il, cette invention [des lettres] engendrera l'oubli dans l'âme de ceux qui apprennent à l'employer, car ils n'exerceront pas leur mémoire. Leur confiance dans l'écriture, produite par des caractères extérieurs qui ne font pas partie d'eux-mêmes, découragera l'usage de leur propre mémoire. Tu as inventé un élixir, *non de mémoire, mais de réminiscence*; et tu offres à tes disciples l'apparence de la sagesse, non la véritable sagesse, car ils liront beaucoup sans rien apprendre et sembleront ainsi savoir beaucoup de choses [le professeur E. K. Rand disait qu'ils sauront «de plus en plus de choses de moins en moins importantes»] alors qu'ils ne seront le plus souvent que des ignorants intraitables, car ils ne seront pas sages, mais pédants.» Platon continue en disant qu'il existe un autre genre de «mot», d'une origine supérieure et d'un pouvoir plus fort que le mot écrit (ou, comme nous le dirions, imprimé); et il soutient que le sage, «*quand il est sérieux*, n'écrira jamais avec l'encre» des paroles mortes, incapables d'enseigner efficacement la vérité, mais sèmera les graines de la sagesse dans les âmes capables de les recevoir et, ainsi, de «les transmettre pour toujours».

Le point de vue de Platon n'a rien de curieux ni d'insolite; tout Indien cultivé et resté à l'abri des influences européennes serait pleinement d'accord avec lui. Il suffira de citer Sir George A. Grierson, ce grand savant en langues indiennes, qui dit que «l'ancien système indien par lequel la littérature est consignée, non sur le papier, mais par la mémoire, et transmise de génération en génération de maîtres et d'élèves, survit encore [en 1920] pleinement au Cachemire. Ces tables de chair du cœur sont souvent plus exactes que les manuscrits de papier ou en bois de bouleau. Les récitants, même quand ce sont de doctes pandits, prennent bien soin de délivrer mot pour mot», et la matière recueillie en écoutant les conteurs de profession est ainsi, «à certains égards, plus précieuse que n'importe quel manuscrit»[16].

Du point de vue indien, on ne peut dire qu'un homme *connaît,* que s'il *connaît par cœur*; ce qu'il doit consulter dans un livre pour se le remettre en mémoire, il n'en a qu'un simple aperçu. Aujourd'hui encore, il y a des centaines de milliers d'Indiens qui, quotidiennement, récitent par cœur la totalité ou une grande partie de la *Bhagavad Gītā*; d'autres, plus savants, savent réciter des centaines de milliers de vers de textes plus longs. C'est par un chanteur de village itinérant, au Cachemire, que j'ai entendu chanter pour la première fois les odes du poète classique Djalāl-al-Dīn Rūmī. Depuis les temps les plus reculés, les Indiens ont considéré que l'homme savant était celui, non pas qui avait beaucoup lu, mais qui avait reçu un enseignement approfondi. La sagesse s'apprend beaucoup mieux auprès d'un maître que dans n'importe quel livre.

Nous arrivons à présent à la dernière partie de notre problème, c'est-à-dire aux préoccupations caractéristiques des littératures orale et écrite. Bien qu'on ne puisse les séparer de façon rigoureuse, il existe une différence qualitative et thématique entre les littératures originairement orales et celles qui furent créées, pour ainsi dire, sur le papier. «Au commencement était le VERBE.» La différence s'établit en grande partie entre la poésie et la prose, entre le mythe et le fait. La nature de la littérature orale est essentiellement poétique, son contenu essentiellement mythique et sa préoccupation est de relater les aventures spirituelles des héros; la littérature originairement écrite est, en revanche, par sa nature, essentiellement prosaïque, son contenu littéral, et elle se préoccupe des personnages et des événements profanes.

En disant «poétique», nous voulons dire «mantique», sous-entendant que le «poétique» est une *qualité* littéraire et non simplement une forme littéraire (versifiée). La poésie contemporaine est, essentiellement et inévitablement, de la même valeur que la prose moderne: toutes deux relèvent pareillement de l'opinion et le meilleur de chacune incarne, tout au plus, quelques «idées heureuses» plutôt qu'une quelconque certitude. Comme l'exprime une glose célèbre: «L'incroyance est pour la populace.» Nous, qui qualifions un art de «signifiant» sans savoir de quoi, sommes également fiers de «progresser», sans savoir dans quelle direction.

Platon soutient que celui qui est *sérieux* n'écrira pas mais enseignera, et que, pour peu que le sage écrive, ce sera soit un simple divertissement – les pures «belles-lettres»* – soit pour se constituer un mémento lorsque sa mémoire sera affaiblie par la vieillesse. Nous savons exactement ce qu'entend Platon par «sérieux» ce n'est pas à propos des affaires humaines ou des personnes, mais eu égard aux vérités éternelles, à la nature de l'être réel et à la nourriture de notre partie immortelle, que le sage sera sérieux. Notre partie mortelle peut vivre «de pain seulement», mais, c'est par le Mythe que notre Homme Intérieur est nourri; si nous remplaçons les mythes véritables par les mythes propagandistes de la «race», du «développement», du «progrès» et de la «mission civilisatrice», l'Homme Intérieur meurt de faim. Le texte écrit, comme le dit Platon, *peut* servir à ceux dont la mémoire a été affaiblie par la vieillesse. Ainsi, c'est dans la sénilité de la culture que nous avons jugé nécessaire de «conserver» les chefs-d'œuvre de l'art dans des musées et, en même temps, de fixer par écrit et, ainsi, de «conserver» (ne serait-ce que pour les savants) tout ce qu'on peut «recueillir» des littératures orales qui, autrement, seraient perdues à tout jamais; et cela doit être fait avant qu'il ne soit *trop tard*.

Tous ceux qui ont étudié sérieusement les sociétés humaines sont d'accord pour reconnaître que l'agriculture et l'artisanat sont les fondements essentiels de toute civilisation, le sens premier de ce dernier mot étant celui de bâtir une *demeure* pour soi-même. Mais, comme le dit Albert Schweitzer, «nous nous comportons comme si la lecture et l'écriture, et non l'agriculture et l'artisanat, étaient le commencement de la civilisation» et, «de ces écoles qui ne sont que les copies de celles qui sont en Europe, ils [les «indigènes»] en sortent comme des personnes "instruites", se croyant indignes d'un travail manuel et ne voulant exercer que des professions commerciales ou intellectuelles... Ceux qui accomplissent toutes leurs études dans ces écoles sont, pour la plupart, perdus pour l'agriculture et l'artisanat»[17]. Comme l'a également déclaré le grand missionnaire du Zoulouland, Charles Johnson: «L'idée centrale [des écoles missionnaires] était de choisir des individus en les éloignant de la masse de la nation.»

Nos concepts littéraires, par exemple les notions de «culture» (analogue à l'agriculture), de «sagesse» (originellement «habileté manuelle») et d'«ascétisme» (originellement «application»), proviennent des arts productifs et constructeurs; car, comme le dit saint Bonaventure: «Il n'y a là rien qui n'annonce la véritable sagesse, et c'est pour cette raison que la Sainte Écriture fait très justement usage de telles comparaisons.»[18] Dans des sociétés normales, les activités nécessaires de production et de construction ne sont pas de simples «besognes», mais également des rites, et la poésie et la musique qui leur sont associées sont une sorte de liturgie. Les «petits mystères» des arts manuels préparent de manière naturelle aux grands «mystères du royaume des Cieux». Mais, pour nous, qui ne savons plus penser selon les termes de la «justice» divine de Platon dont l'aspect social est vocationnel, que le Christ soit charpentier et fils d'un charpentier ne constitue qu'un hasard de l'histoire; nous lisons, mais ne comprenons pas que, lorsqu'on parle de bois pour désigner la *materia prima*, nous devons aussi parler de Lui, «par qui tout a été fait», comme d'un «charpentier». Au mieux, nous interprétons les classiques figures de pensée, non dans leur universalité, mais comme des figures de rhétorique inventées par des auteurs individuels. Quand l'instruction n'est plus qu'un talent, il se peut que «la sagesse collective d'un peuple instruit» ne soit qu'une ignorance collective, tandis que «les communautés arriérées sont les bibliothèques orales des anciennes cultures du monde»[19].

L'objet de nos activités éducatives à l'étranger est que nos élèves assimilent nos manières de penser et de vivre. Il n'est facile à aucun professeur étranger de reconnaître la vérité exprimée par Ruskin qui dit qu'il n'y a qu'une seule façon d'aider les autres, c'est non pas les former à notre manière de vivre (quel que soit le prix que nous donnons aveuglément à celle-ci), mais découvrir ce qu'ils essayaient de faire et ce qu'ils faisaient avant notre venue et, si possible, les aider à le faire mieux encore. Certains missionnaires jésuites en Chine sont envoyés dans des villages éloignés et sont tenus de gagner leur vie par la pratique d'un métier manuel indigène pendant au moins deux ans avant d'être autorisés à dispenser le moindre enseignement. Des conditions de ce genre devraient être imposées à tous les professeurs étrangers, qu'ils enseignent dans des écoles missionnaires ou gouvernementales. Comment osons-nous oublier que nous avons affaire à des peuples «dont les intérêts intellectuels sont les mêmes de haut en bas de l'édifice social», et qui n'ont pas encore adopté nos distinctions erronées entre enseignement religieux et enseignement laïque, entre beaux-arts et arts décoratifs et entre signification et usage? Après avoir introduit ces distinctions et avoir séparé la classe «instruite» de la classe «illettrée», c'est vers cette dernière que nous devons nous tourner si nous voulons étudier la langue, la poésie et la culture intégrale de ces peuples, «avant qu'il ne soit trop tard».

En parlant de la «fureur de prosélytisme» dans un précédent article, je n'avais pas seulement à l'esprit les activités des missionnaires professionnels mais, plus généralement, celles de tous ceux qui plient sous le poids du fardeau de l'homme blanc et sont impatients de distribuer aux autres les «bienfaits» de notre civilisation. Qu'y a-t-il derrière cette fureur, dont nos expéditions punitives et nos «guerres de pacification» ne sont que les manifestations les plus apparentes? Il ne serait pas excessif de dire que nos activités éducatives à l'étranger (un terme qui doit inclure les réserves indiennes en Amérique) sont motivées par le *désir* de détruire les cultures existantes. Et ce n'est pas seulement, je pense, à cause de notre conviction en la supériorité absolue de notre *Kultur*, et du mépris et de la haine qui s'ensuivent pour tout ce que nous n'avons pas compris (et nous ne comprenons pas que des gens puissent agir sans mobile économique), mais c'est aussi à cause d'une envie, inconsciente et profondément enracinée, d'une sérénité et d'un repos que nous ne pouvons que reconnaître chez ceux que nous disons «préservés». Il nous est pénible de constater que ceux-ci, qui ne sont ni industrialisés ni «démocrates» comme nous le sommes, sont néanmoins *satisfaits*; nous nous sentons obligés de les mécontenter et, particulièrement, de mécontenter leurs femmes, à qui nous pouvons apprendre à travailler en usine ou à embrasser une carrière. J'ai employé à dessein le terme *Kultur* parce qu'il n'existe pas de réelle différence entre la volonté des Allemands d'imposer leur culture aux races «arriérées» du reste de l'Europe et notre détermination à imposer la nôtre au reste du monde; il se peut que les méthodes de ceux-là soient plus brutales, mais la volonté reste la même à la base[20]. Comme je l'ai laissé entendre plus haut, «la misère aime la compagnie» et telle est l'explication véritable et inavouée de notre volonté de créer un nouveau monde parfait de mécaniques uniformément instruites. Cela a été répété récemment à un groupe de jeunes ouvriers américains dont l'un d'eux s'est écrié: «Et nous sommes misérables!»

Certes, nous nous leurrons quand nous nous enorgueillissons de «la sagesse collective d'un peuple instruit», sans nous soucier de ce que lisent les «gens instruits», mais le présent article n'entend pas examiner les limitations et les défauts de l'éducation occidentale moderne *in situ*; il veut dénoncer la diffusion d'une éducation de ce type ailleurs. Nous voulons montrer avant tout l'illusion qu'il y a à accorder une valeur absolue à l'instruction et les conséquences très dangereuses qui sont impliquées dans le fait de vouloir faire de l'«instruction» un critère permettant de mesurer les cultures des peuples non lettrés.

La foi aveugle que nous avons dans l'instruction nous dissimule l'importance d'autres talents, de sorte que nous ne nous soucions pas des conditions infra-humaines dans lesquelles un homme peut avoir à gagner sa vie, et s'il lui arrive de lire pendant ses heures de loisir, que nous importe ce qu'il lit! Mais cette foi aveugle est aussi l'une des causes principales des préjugés raciaux et devient un facteur essentiel dans l'appauvrissement spirituel de tous les peuples «arriérés» que nous nous proposons de «civiliser».

---

1. *Métaphysique,* VI. 2, 4 et XI. 8, 12. «La lecture, pour l'homme dépourvu de connaissance antérieure, est semblable au regard de l'aveugle dans un miroir» *(Gāruḍa Purāṇa,* XVI, 82).

2. Walter Shewring, «Literacy», dans le *Dictionary of World Literature,* 1943. «Notre analphabétisme culturel progressif devance tous les efforts entrepris en vue de nous rendre instruits dans l'usage des potentialités de la culture» (Robert S. Lynd, *Knowledge for What?*). Le professeur John U. Nef de Chicago, parlant à l'université Hamline en 1944, faisait observer: «En dépit de la prétendue large diffusion de l'instruction [en Amérique]... le nombre de gens en mesure de communiquer entre eux à un niveau de discours relativement élevé est de beaucoup inférieur à ce qu'il était par le passé.» Une récente étude, subventionnée par la *Carnegie Foundation for the Advancement of Teaching,* a révélé que «les élèves des classes supérieures de six collèges n'ont reconnu en moyenne que soixante et un pour cent des mots communément employés par les gens cultivés»! En présence de tous ces faits, il est pour le moins surprenant d'entendre lord Raglan déclarer: «Par "sauvage", j'entends "illettré"» (dans *Rationalist Annual,* 1946, p. 43). Il fut un temps où la bourgeoisie anglaise considérait les highlanders gaéliques comme des «sauvages»; toutefois, de la part d'un anthropologue, on s'attendrait à la réfutation de pareils «mythes» plutôt qu'à leur réactualisation!

3. F. G. Childe, *English and Scottish Popular Ballads,* introduction par G. L. Kittredge. Voir W. W. Comfort, *Chrétien de Troyes* (Everyman's Library), introduction: la poésie de Chrétien «s'adressait à une société encore homogène et, au début, toutes les classes de la population y prêtaient attention, sans aucun doute, avec un égal intérêt». Rien de tout cela n'est ou ne peut être réalisé par le système éducatif organisé et obligatoire d'aujourd'hui – «une province indépendante, détachée de la vie», avec son «atmosphère de profond ennui qui affaiblit la vitalité de la jeunesse» et dont «le résultat est que les jeunes ne savent rien vraiment bien», ou, comme «il serait plus exact de le dire, ils ne savent pas ce qu'est la connaissance», ce qui «explique la dangereuse crédulité qu'exploite la propagande» (Erich Meissner, *Germany in Peril,* 1942, p. 47-48).

4. Douglas Hyde, *Literary History of Ireland,* 1903, p. 633.

5. L'américain est déjà «une langue unidimensionnelle, orientée vers la description des aspects extérieurs du comportement, pauvre en nuances... nos mots manquent... de la précision formelle qui vient de la conscience du passé et d'un usage différent» (Margaret Mead, *And Keep Your Powder Dry*, 1942, p. 82). Tout auteur qui emploie les mots avec précision court le risque d'être mal compris.

«Jamais peut-être les hommes n'ont été si savants et cependant si ignorants, si préoccupés des fins sans avoir de but véritable, si désillusionnés et si totalement victimes de l'illusion. Cette singulière contradiction est présente dans toute notre culture moderne, dans notre science et notre philosophie, notre littérature et notre art» (W. M. Urban, *The Intelligible World*, 1929, p. 172). Dans de telles conditions, la capacité de lire une page imprimée devient un simple tour d'adresse qui ne garantit en aucune façon qu'on puisse comprendre ou communiquer les idées.

6. Robert Knox, *An Historical Relation of Ceylon*, 1681 (édition de 1911, p. 168).

7. J. F. Campbell, *Popular Tales of the West Highlands*, 1890, p. V, XXIII, CXXII.

8. Alexander Carmichael, *Carmina Gaelica*, vol. I, 1900, p. XXIII, XXIX. Voir J. G. Mackay, *More West Highland Tales*, 1940, préface: «Les classes les plus pauvres parlent généralement la langue d'une manière admirable... Certains récitaient des milliers de vers d'anciens poèmes épiques... Une autre cause du caractère fragmentaire de certains récits est l'effet oblitérateur de la civilisation moderne»; et J. Watson, *ibid.*, introduction: «Cet héritage intellectuel... cette ancienne culture s'étendait sur tout le Nord et les comtés centraux du Nord de l'Écosse. Les gens qui possédaient cette culture pouvaient être, et étaient habituellement, peu instruits. Ils étaient loin, en revanche, d'être ignorants. Il est triste de penser que son déclin a été dû en partie aux écoles et à l'Église!» C'est, en fait, précisément par «les écoles et l'Église» que le déclin des cultures partout dans le monde a été précipité durant les cent dernières années.

H. J. Massingham (dans *This Plot of Earth*, 1944, p. 233) nous parle de «Seonardh Coinbeul, un vieux barde, qui ne savait ni lire ni écrire mais avait en mémoire 4 500 vers de sa propre composition ainsi qu'un grand nombre de chansons et de récits divers».

A. Solonylsin (dans *Asiatic Review*, NS. XLI, janvier 1945, p. 86) remarque que les épopées kirghizes n'ont pas encore été toutes répertoriées, bien que plus de 1 100 000 vers aient déjà été transcrits par le Kirghiz Research Institute (l'Institut de Recherches du Kirghizistan). «Les bardes qui récitent les "manas" (les "manaschi") possèdent des mémoires prodigieuses doublées d'un talent poétique. Seul cela peut expliquer le fait que des centaines de milliers de vers ont été transmis oralement.» Un critique, rendant compte (dans le *Journal of American Folklore*, 58, 1945, p. 65) du livre *Manas, Kirghiski Narodni Epos*, note que «la généralisation de l'éducation a déjà fait beaucoup pour supprimer la raison d'être du poète dans la vie tribale... Quand l'acculturation devient une machine meurtrière, il n'est pas surprenant que ce qui reste des chants épiques dégénère bientôt en un procédé publicitaire artificiel et pompeusement national».

9. R. St. Barbe Baker, *Africa Drums*, 1942, p. 145.

10. W. G. Archer, *The Blue Grove*, 1940, préface; et dans *JBORS*, vol. XXIX, p. 68.

11. Edward Schröder Prior et Arthur Gardner, *An Account of Medieval Figure-Sculpture in England*, 1912, p. 25.

12. Paul Radin, *Primitive Man as Philosopher*, 1927.

13. J. Strzygowski, *Spüren indogermanische Glaubens in der bildenden Kunst*, 1936, p. 344.

14. Tom Harrisson, *Savage Civilization*, 1937, p. 45, 344, 351, 353.

15. Platon, *Phèdre*, 275 f. Voir H. Gauss, *Plato's Conception of Philosophy*, 1937, p. 262-265.

16. Sir George A. Grierson, *Lallā Vākyāni*, 1920, p. 3.

17. Albert Schweitzer, *On the Edge of the Primeval Forest.*

18. *De reductione artium ad theologiam,* 14.

19. N. K. Chadwick, *Poetry and Prophecy,* 1942, préface : « L'expérience des communautés qui ne sont qu'instruites est trop restreinte. » « Toujours en train d'apprendre, mais sans jamais être capable de parvenir à la connaissance de la vérité » (II *Timothée,* 3. 7) !

20. L'« éducation » moderne imposée aux cultures traditionnelles (par exemple, à la culture gaélique, indienne, polynésienne, amérindienne) est seulement moins délibérément, mais non moins réellement, délétère que la destruction par les nazis des bibliothèques en Pologne, destinée à effacer la mémoire raciale du peuple polonais ; les Allemands ont agi consciemment, mais nous, qui anglicisons, américanisons ou francisons, nous sommes poussés par un ressentiment que nous n'avons le courage ni de reconnaître ni de confesser. Ce ressentiment est, en fait, notre réaction face à une supériorité qui nous irrite et que, par conséquent, nous aimerions détruire.

---

* (p. 29) Reading, (w) Riting, (a) Rithmetic : l'enseignement primaire, c'est-à-dire la lecture, l'écriture et l'arithmétique (N. d. T.).

* (p. 33) Chansons populaires reprises en chœur par l'assistance (N. d. T.).

* (p. 39) En français dans le texte (N. d. T.).

Chapitre III

DES CHEMINS QUI CONDUISENT AU MÊME SOMMET

> «*Il n'existe pas de religion naturelle... De même que tous les hommes sont semblables (encore qu'infiniment variés), de même toutes les religions, comme toutes les choses semblables, n'ont qu'une seule origine.*»
>
> William Blake

> «*Il n'y a qu'un seul salut pour toute l'humanité, et c'est la vie de Dieu dans l'âme.*»
>
> William Law

La multiplication incessante des contacts entre nous-mêmes (qui, pour les besoins du présent article, sommes censés être chrétiens) et les autres peuples qui appartiennent à la grande majorité de ceux qui ne sont pas chrétiens, a rendu plus urgente et nécessaire que jamais la compréhension des croyances avec lesquelles les autres vivent. Cette compréhension, en même temps qu'elle est intrinsèquement désirable, est indispensable pour résoudre, par un accord, les problèmes économiques et politiques en raison desquels les peuples du monde sont à l'heure actuelle plus divisés qu'unis. Nous ne pouvons établir des relations humaines avec les autres peuples si nous sommes convaincus de notre propre supériorité ou de notre sagesse supérieure et si nous désirons seulement les convertir à notre façon de penser. Le chrétien moderne, qui considère le monde comme sa paroisse, se trouve devant la pénible nécessité de devenir lui-même un citoyen du monde; il est invité à participer à un *symposium* et à un *convivium,* non pour présider – car il en est un Autre qui préside, invisible – mais comme l'un des nombreux hôtes.

Ce n'est plus seulement au missionnaire de profession d'étudier les religions différentes de la sienne. Le présent article, par exemple, est la reprise d'une conférence donnée à un important groupe de professeurs au cours d'une série intitulée «Comment enseigner au sujet des autres peuples» subventionnée par le *New York School Board* et l'*East and West Association.* Quelqu'un a également proposé que l'accent soit mis, dans toutes les écoles et les universités de l'après-guerre, sur l'enseignement des principes fondamentaux des grandes religions en vue de promouvoir une entente internationale et de développer la notion de citoyenneté mondiale.

Une question se pose immédiatement: «Qui est le plus à même de dispenser cet enseignement?» Il va de soi que nul ne peut avoir compris, et ainsi être qualifié pour enseigner une religion, qui soit adversaire de toute religion; seront écartés, par conséquent, le rationaliste, l'humaniste scientiste et, en définitive, tous ceux dont la conception de la religion n'est pas théologique, mais purement éthique. Il est manifeste que l'idéal serait de ne confier l'enseignement des grandes religions qu'à ceux qui les pratiquent; mais c'est là un idéal qui ne pourrait être réalisé, à l'heure actuelle, que dans nos plus grandes universités, à Oxford par exemple, où l'on a proposé de créer une école de ce genre.

Dans l'état actuel des choses, l'enseignement relatif aux confessions non chrétiennes est dispensé principalement dans les séminaires théologiques et les établissements missionnaires par des hommes qui croient fermement que le christianisme est la seule vraie foi, qui approuvent les missions étrangères et désirent préparer le missionnaire à sa tâche. Dans de telles conditions, l'étude comparée des religions revêt nécessairement un caractère tout à fait différent de celui des autres disciplines et ne peut être que tendancieuse. Il est évident que si vraiment nous devons enseigner, nous ne devons avoir comme intention que de transmettre la vérité ; mais, lorsqu'un enseignement considère comme allant de soi que le sujet à traiter est intrinsèquement d'une importance secondaire, et qu'il est donné non *con amore,* mais seulement pour préparer le futur professeur aux problèmes qu'il aura à affronter, on ne peut que redouter qu'une partie au moins de la vérité sera passée sous silence, inconsciemment sinon intentionnellement.

Si la science des religions comparées doit être enseignée comme le sont les autres sciences, celui qui enseigne devra du moins reconnaître que sa propre religion n'est que l'une de celles qui sont à « comparer » ; son devoir sera de présenter la vérité de manière impartiale, dans la mesure où il en est capable, en évitant d'exposer ses théories « favorites ». En d'autres termes, il sera « nécessaire de reconnaître que les institutions qui sont fondées sur les mêmes prémisses, à savoir le surnaturel, doivent être considérées ensemble, la nôtre parmi les autres » alors qu'« aujourd'hui, qu'il s'agisse d'impérialisme, de préjugés raciaux ou d'une comparaison entre christianisme et paganisme, nous nous préoccupons encore du caractère unique (...) de nos institutions et de nos réalisations, de notre civilisation »[1]. On ne peut s'empêcher de se demander si le chrétien, convaincu que sa foi est la seule vraie, pourra se permettre en conscience d'exposer une autre religion, sachant qu'il ne pourra le faire en toute honnêteté.

En proposant un enseignement sur d'autres peuples, nous nous trouvons confrontés au problème de la tolérance. Le mot n'est pas agréable à entendre ; tolérer veut dire supporter, endurer ou souffrir l'existence de façons de penser qui sont ou paraissent être différentes de la nôtre ; et il n'est jamais très agréable de juste « supporter » nos prochains et nos compagnons, ni de sentir que nos institutions et nos convictions les plus profondes sont patiemment « tolérées ». En outre, si le monde occidental est, en réalité, plus tolérant aujourd'hui qu'il ne l'était il y a quelques siècles ou qu'il ne l'a été depuis la chute de Rome, c'est en grande partie parce que les hommes ne sont plus sûrs qu'il existe une vérité dont on puisse être certain et qu'ils sont enclins à croire, selon l'idée « démocratique », que l'opinion d'un homme en vaut une autre, particulièrement en matière de politique, d'art et de religion. La tolérance n'est alors qu'une vertu purement négative, n'exigeant aucun sacrifice de l'orgueil spirituel et n'impliquant aucun abandon de notre sentiment de supériorité ; elle n'est louable que dans la mesure où elle signifie s'abstenir de haïr ou de persécuter ceux qui ont ou semblent avoir des coutumes ou des croyances différentes des nôtres. La tolérance nous permet toujours de nous apitoyer sur ceux qui ne sont pas comme nous et qui, par conséquent, méritent notre apitoiement !

La tolérance, portée à son comble, entraîne l'indifférence et devient intolérable. Il ne s'agit pas, pour nous, de tolérer l'hérésie, mais plutôt de parvenir à un accord sur la vérité. Nous disons que le but véritable d'une éducation relative aux religions comparées devrait être de rendre l'élève capable de discuter avec d'autres croyants de la validité de doctrines spécifiques[2], laissant en suspens le problème de la vérité ou de la fausseté, de la supériorité ou de l'infériorité, de corps entiers de doctrine, tout au moins jusqu'à ce que nous soit donnée l'occasion de savoir sous quel rapport ils diffèrent réellement l'un de l'autre et s'il s'agit de différences essentielles ou accidentelles. Bien entendu, nous sommes sûrs qu'ils seront inévitablement différents sur des points secondaires, puisque «rien ne peut être connu si ce n'est dans le mode de celui qui connaît». Il nous faut savoir au moins reconnaître les symboles équivalents, par exemple la rose et le lotus *(Rosa Mundi* et *Padmāvatī)*, que le Soma est «le pain et l'eau de vie», ou que le Créateur de toutes choses est – non pas accidentellement, mais nécessairement – un «charpentier» chaque fois que le matériau dont le monde est fait est *hylique*. Le but qui est proposé a cet autre avantage immédiat de ne pas être en conflit avec l'orthodoxie chrétienne la plus stricte; personne n'a jamais nié que les croyances païennes contenaient certaines vérités et saint Thomas d'Aquin lui-même était tout disposé à trouver dans les œuvres des philosophes païens «des preuves extrinsèques et probables» des vérités du christianisme. En vérité, il n'avait connaissance que des penseurs classiques, des juifs et de quelques Arabes; mais il n'y a aucune raison pour que le chrétien moderne, s'il en est mentalement capable, n'apprenne pas à découvrir et à se réjouir de découvrir, par exemple, dans les doctrines du Vedānta, du soufisme, du taoïsme et des Amérindiens, des preuves extrinsèques et probables de la vérité, telle qu'il la connaît. Il est plus que probable, en effet, que le chercheur chrétien tirera de grands avantages, pour son exégèse et sa compréhension de la doctrine chrétienne, de ses contacts avec d'autres croyants; car, s'il est lui-même croyant, c'est en dépit du climat intellectuel nominaliste dans lequel il est né et a été élevé et par lequel il ne peut qu'être affecté à un degré ou à un autre; tandis que l'Oriental (pour qui les miracles attribués au Christ ne posent aucun problème) est encore un réaliste, né et élevé dans un climat de réalisme, et par conséquent à même d'aborder Platon ou saint Jean, Dante ou Maître Eckhart plus simplement et plus directement que le savant occidental, lequel est inévitablement affecté, dans une certaine mesure, par les doutes et les difficultés qui s'imposent à ceux dont l'éducation et le milieu ont été profanes pour la plus grande part.

Un procédé semblable à celui que nous avons suggéré nous fournit immédiatement une base pour une entente commune et pour la coopération. Notre objectif est une «réunion des Églises» «au sommet» en un sens bien plus large que celui dans lequel cette expression est ordinairement employée: il s'agit d'instaurer des alliances actives – par exemple, entre le christianisme et l'hindouisme ou l'islam, sur la base des premiers principes communément acceptés, et avec l'idée d'une coopération effective dans l'application de ces principes aux domaines contingents de l'art (artisanat) et de la prudence – pour mettre fin à ce qui n'est guère mieux, à présent, qu'une guerre civile entre membres d'une seule et même famille humaine, enfants d'un seul et même Dieu, «que *d'un commun accord* tous les Grecs et tous les barbares reconnaissent», comme le disait Philon[3]. C'est en se référant à cette affirmation que le professeur Goodenough remarque: «Pour autant que je puisse en juger, Philon disait la pure vérité au sujet du paganisme, telle qu'il le voyait, et non comme depuis toujours la propagande chrétienne l'a déformé.»

Il est inutile de dissimuler que ces alliances impliqueront un abandon de toutes les initiatives missionnaires telles qu'elles existent à présent; des conférences interconfessionnelles prendront la place de ces expéditions prosélytiques dont le seul résultat durable est la sécularisation et la destruction des cultures existantes et le déracinement des individus. *Vous* avez déjà atteint le point où la culture et la religion, l'utilité et le sens, ont été dissociés et peuvent être considérés séparément, mais cela n'est pas vrai des peuples que vous vous proposez de convertir, dont la religion et la culture *sont une seule et même chose* et dont nécessairement aucune des fonctions de la vie n'est profane ou dépourvue de principes. Si jamais vous deviez réussir à persuader les Hindous que leurs écritures révélées ne sont valables qu'«en tant que littérature», vous les auriez ravalés au niveau de vos étudiants qui lisent la Bible, si tant est qu'ils la lisent, comme un simple texte littéraire. En Inde, comme l'a jadis fait remarquer sœur Nivedita (l'élève distinguée de Patrick Geddes et l'auteur de *The Web of Indian Life)*, le christianisme «entraîne l'ivresse dans son sillage»[4] – car si vous enseignez à un homme que ce qu'il a cru vrai est faux, il sera enclin à penser que ce qu'il a cru faux est vrai.

Nous avons tous pareillement besoin d'un repentir et d'une conversion, d'un «changement d'esprit» et d'une «volte-face»: non pas, toutefois, d'une *forme* de croyance à une autre, mais de l'incroyance à la croyance. Il n'est pire tolérance que celle qui consiste à approcher l'autre et à lui dire: «Nous servons tous deux le même Dieu, toi à ta manière et moi à la Sienne!» Le «voyage par mer et par terre en quête d'un seul prosélyte» ne pourra être poursuivi en tant qu'institution qu'aussi longtemps que persistera notre ignorance des croyances des autres peuples. Le financement de services éducatifs ou médicaux, ayant pour but principal d'obtenir des conversions, est une forme de simonie et une violation de l'ordre biblique: «Guérissez les malades... n'ayez ni or, ni argent, ni menue monnaie à vos ceintures, ni besace pour la route... mais allez comme des brebis au milieu des loups.» Partout où vous allez, ce doit être, non en maîtres ou en supérieurs, mais en invités ou, comme nous dirions de nos jours, en «professeurs d'échange»; ne trahissez pas, par des calomnies, la confiance de vos hôtes. Vous devez éliminer de votre vocation toute notion d'une «mission civilisatrice»; car ce que vous considérez comme «le fardeau de l'homme blanc» ici, ce sont là-bas des «ombres blanches dans les Mers du Sud». Votre civilisation «chrétienne» s'achève par un désastre – et vous avez encore l'audace de l'offrir aux autres! Rendez-vous compte, comme l'a dit le professeur Plumer, que «le plus sûr moyen de trahir nos alliés chinois est de leur vendre, donner ou livrer à crédit notre niveau de vie [américain]»[5], et que la tâche la plus difficile dont vous puissiez vous charger pour le présent et pour l'avenir immédiat est de convaincre l'Orient que la civilisation européenne est sous tous les rapports une civilisation chrétienne, ou qu'il existe vraiment des Européens raisonnables, justes et supportables parmi les «barbares» dans la terreur desquels vit l'Orient.

Le mot «hérésie» veut dire choix, le fait d'avoir des opinions personnelles et de penser ce qui nous plaît: aujourd'hui, où «penser par soi-même» est si fortement recommandé (à condition que les réflexions soient de nous à «cent pour cent»), nous ne pouvons saisir le sens véritable d'«hérésie» que si nous réalisons que son équivalent moderne est «trahison». La seule hérésie importante et, peut-être, la seule hérésie réelle du christianisme moderne aux yeux des autres croyants est sa prétention à la vérité exclusive; car, c'est trahir Celui qui «a toujours laissé un témoin», attitude qui peut seulement être comparée au reniement du Christ par Pierre. Et quiconque dit à ses amis païens que «la lumière qui est en vous est ténèbres» offense, en les offensant, le Père des lumières. Eu égard à la célèbre glose de saint Ambroise sur les *Corinthiens* I, 12. 3, «toute parole vraie, *quel qu'en soit l'auteur,* est dite par le Saint Esprit» (une affirmation acceptée par saint Thomas d'Aquin), il se peut qu'on vous demande: «Sur quels critères prétendez-vous établir une distinction entre votre religion "révélée" et notre religion "naturelle" dont nous proclamons également l'origine surnaturelle?» Il vous sera peut-être difficile de répondre à cette question.

La prétention à une validité exclusive n'est aucunement de nature à assurer la survie du christianisme dans un monde où l'on met tout à l'épreuve. Au contraire, cela peut affaiblir énormément son prestige devant les autres traditions au sein desquelles prévaut une attitude très différente et qui ne voient pas la nécessité de s'engager dans des polémiques. Comme l'a dit un éminent théologien allemand: «La culture humaine [*Menschheitsbildung*] est un ensemble unitaire dont les diverses cultures sont les dialectes d'un seul et même langage de l'esprit.»[6] La querelle qui oppose le christianisme aux autres religions semble à un Oriental une erreur tactique dans le conflit entre les idéaux et les motivations sensées, comme ç'aurait été une erreur pour les Alliés de se retourner contre les Chinois sur le champ de bataille. L'Oriental ne désire pas participer à cette querelle et préfère dire ce que j'ai souvent dit à des amis chrétiens : « Même si vous n'êtes pas de notre côté, nous sommes du vôtre. » L'attitude inverse est rarement exprimée ; cependant, deux fois dans ma vie, j'ai rencontré un catholique qui admettait volontiers qu'il n'était pas indispensable, pour un hindou, de devenir officiellement chrétien pour être sauvé. Néanmoins, aussi étonnant que cela puisse paraître, la Vérité ou la Justice par laquelle nous sommes tous pareillement et inconditionnellement concernés est comme la Table Ronde autour de laquelle « tous les mondes chrétiens et païens s'assemblent » pour manger d'un seul et même pain et boire un même vin, et à laquelle « tous sont égaux, les grands comme les petits ». Un de mes amis catholiques, qui possède une vaste érudition, me parlait, dans une lettre, de Śrī Rāmakrishna comme d'« un autre Christ... le propre Soi du Christ ».

Examinons, à présent, les points de vue exprimés par les Anciens et autres non-chrétiens lorsqu'ils parlaient de religions différentes de la leur. Nous avons déjà cité Philon d'Alexandrie. Plutarque parle avec une ironie amère des évhéméristes grecs, « qui sèment l'athéisme dans le monde entier, en oubliant les dieux de nos croyances et en leur donnant les noms de généraux, d'amiraux et de rois », et des Grecs qui ne sont plus capables de distinguer Apollon (le Soleil intelligible) et Hélios (le Soleil sensible). Il poursuit en déclarant : « On ne peut pas dire que chaque peuple ait des "dieux différents", ni qu'il existe des dieux "grecs" ou des dieux "barbares" parce que les dieux sont communs à tous, bien que les différents peuples leur donnent des noms différents. C'est pourquoi l'Unique Raison (Logos) ordonnatrice de l'univers, l'Unique Providence préposée au cosmos ainsi que les puissances mineures [les dieux, les anges] préposées à toutes choses, reçoivent des noms et des cultes différents parmi chaque peuple, selon la diversité des coutumes et des usages respectifs »[7]. Apulée reconnaît que l'Isis des Égyptiens (notre Mère Nature et Madone, *Natura Naturans*, *Creatrix*, *Deus)* « est adorée dans le monde entier sous des formes nombreuses, par des rites divers, sous des noms multiples »[8].

L'empereur musulman de l'Inde, Jahāngīr, écrivant au sujet de son ami et maître, l'ermite hindou Jadrūp, dit que « son Vedānta est identique à notre Taçawwuf »[9]. Dans le nord de l'Inde, il existe, en fait, une abondance de textes religieux dans lesquels il est souvent difficile, sinon impossible, de distinguer les éléments musulmans des éléments hindous. L'indifférenciation des formes religieuses est, à vrai dire, comme le remarque le professeur Nicholson, « une doctrine fondamentale du soufisme ».

Ainsi Ibn 'Arabī déclare :

« Mon cœur est capable de toute forme : il est un pâturage pour les gazelles et un couvent pour les moines chrétiens
Et un temple pour les idoles, et la Kaabah du pèlerin,
Et la table de la Thorah et le livre du Qoran ;
Je suis la religion de l'Amour, quelque route que prennent ses chameaux ; ma religion et ma foi sont la vraie religion » [10].

Cela signifie que vous et moi, dont les religions sont distinctes, nous pouvons dire, chacun : « Ma religion est la vraie religion » et, s'adressant à l'autre : « Votre religion est la vraie religion » – le fait que l'un d'entre nous ou tous deux nous soyons ou non authentiquement religieux ne dépendant pas de la forme de notre religion, mais de nous-mêmes et de la grâce. C'est pourquoi Shams-i-Tabriz s'exprime ainsi :

« Si la notion de mon Bien-Aimé est à découvrir dans le temple des idoles,
Ce serait péché mortel de tourner autour de la Kaabah !
La Kaabah n'est qu'une église si l'on y perd Sa trace :
Ma Kaabah est toute "église" où je puis trouver Sa trace ! »[11]

Il en est de même dans l'hindouisme ; le poète-saint tamil Tāyumānavar, par exemple, dit dans un hymne à Shiva :

> « Tu as été avec justesse... l'Inspirateur de millions de religions. Tu as fait en sorte que chaque religion, par son splendide déploiement de traités, de disputations et de sciences, ait, comme principe et finalité, la vérité. »[12]

Le *Bhaktakalpadruma* de Pratāpa Siṁha soutient que « tout homme devrait, pour autant qu'il en est capable, favoriser la lecture des Écritures, que ce soient celles de son Église ou celles d'une autre »[13].

Dans la *Bhagavad Gītā* (VII, 21), Śrī Krishna proclame : « Selon la manifestation du divin que tel ou tel adorateur souhaite vénérer avec foi, Je rends, quant à Moi, cette foi de chacun inébranlable » et (IV, 11) « de la façon même dont ils M'abordent, Je les récompense, car les hommes, de quelque horizon qu'ils viennent en définitive, suivent Mon chemin »[14].

Nous avons la parole du Christ lui-même qui n'est pas venu appeler les justes mais les pécheurs *(saint Matthieu,* 9. 13). Que pouvons-nous comprendre à cela si ce n'est que, comme l'a dit saint Justin, « Dieu est le Verbe auquel participe toute l'humanité, et ceux qui ont vécu selon la Raison sont chrétiens même si on les regarde comme athées... comme Socrate et Héraclite, et, parmi les barbares, Abraham et beaucoup d'autres ». De la même manière, Maître Eckhart, le plus grand des mystiques chrétiens, parle de Platon (que le musulman Jīlī vit dans une vision « emplissant le monde de lumière ») comme de « ce grand prêtre » qui « trouva la Voie avant même la naissance du Christ ». Saint Augustin avait-il tort lorsqu'il affirmait que « ce qu'on appelle aujourd'hui religion chrétienne existait chez les Anciens et n'a jamais cessé d'exister depuis l'origine du genre humain, jusqu'à ce que le Christ lui-même étant venu, on ait commencé d'appeler "chrétienne" la vraie religion qui existait déjà auparavant » ? S'il n'avait rétracté ces courageuses paroles, l'histoire sanglante du christianisme aurait pu être écrite de manière différente!

Nous en sommes venus à considérer la religion davantage comme un ensemble de règles de conduite que comme une doctrine sur Dieu, moins comme une doctrine à propos de ce que nous devrions *être* que comme une doctrine à propos de ce que nous devons *faire*; et parce qu'il existe nécessairement un élément de contingence dans toute application des principes aux cas particuliers, nous avons cru que la théorie diffère selon les exigences de la pratique. Cette confusion entre les moyens nécessaires et les fins transcendantes (comme si la vision de Dieu pouvait être méritée par les œuvres) a eu des conséquences malheureuses pour le christianisme, tant dans les pays chrétiens que dans les autres. Plus l'Église s'est consacrée aux «œuvres sociales», plus son influence a décliné; une époque qui regarde la vie monastique comme une fuite presque immorale est elle-même désarmée. C'est en grande partie parce que la religion a été présentée aux hommes modernes en des termes d'un sentimentalisme écœurant («Sois gentil, mon enfant», etc.), et non plus comme un défi intellectuel, qu'un si grand nombre a été dégoûté, pensant que la religion «n'est rien d'autre» que *cela*. Cette insistance mise sur l'éthique (oubliant, par la même occasion, que la doctrine chrétienne a autant à voir avec l'art, c'est-à-dire le travail manuel, la construction, le «quoi» et le «comment», qu'avec le comportement) fait le jeu du sceptique, car la nécessité et la commodité des vertus sociales sont si évidentes qu'on en arrive à s'interroger: si la religion n'est que *cela*, pourquoi faire intervenir un Dieu pour sanctionner des formes de conduite dont personne ne nie l'opportunité? Pourquoi, en effet[15]? En même temps, cette importance excessive accordée à la morale au détriment des vertus intellectuelles (les seules qui, selon la doctrine chrétienne orthodoxe, survivront à notre dissolution) provoque la riposte des rationalistes, qui prétendent que la religion n'a jamais été autre chose qu'un moyen pour endormir les masses et les faire tenir tranquilles.

Contre toutes ces déviations, la rigoureuse discipline intellectuelle qu'exige toute étude sérieuse de la religion et de la philosophie orientales, ou même « primitives », peut servir d'utile correctif. La tâche que constitue la coopération dans le domaine des religions comparées exige les qualifications les plus hautes ; si nous ne pouvons pas y consacrer le meilleur de nous-mêmes, il serait préférable de ne pas l'entreprendre. Le temps est proche où il sera nécessaire à l'homme dit « cultivé » de connaître l'arabe, le sanskrit ou le chinois comme il lui est nécessaire, aujourd'hui, de lire le latin, le grec ou l'hébreu. Et cela est vrai, avant tout, pour ceux qui auront à dispenser un enseignement sur les croyances des autres peuples ; les traductions existantes sont, en effet, souvent inadéquates sous bien des rapports, et si nous voulons savoir s'il est exact que tous les croyants ont jusqu'ici adoré et adorent toujours un seul et même Dieu, que ce soit sous son nom anglais, latin, arabe, chinois ou navajo, nous devons scruter les écritures du monde – sans jamais oublier que *sine desiderio mens non intelligit.*

Nous ne devons pas non plus nous consacrer à ces activités éducatives avec des arrière-pensées : comme dans toutes les autres activités de ce type, le professeur doit s'efforcer de servir les intérêts de l'élève lui-même, non pas pour qu'il puisse faire le bien, mais pour qu'il puisse être bon. Le proverbe selon lequel « charité bien ordonnée commence par soi-même » n'est en aucune façon nécessairement cynique : il tient plutôt pour établi que faire le bien est seulement possible quand nous sommes bons et que, si nous sommes bons, nous ferons le bien, par l'action ou l'inaction, la parole ou le silence. L'authentique doctrine chrétienne enseigne qu'un homme doit d'abord s'être connu et aimé lui-même, avoir aimé son homme intérieur, avant d'aimer son prochain.

C'est l'élève qui occupe la première place dans notre conception de l'enseignement des religions comparées. Il sera stupéfié par l'effet sur sa compréhension de la doctrine chrétienne qui peut être provoqué par la reconnaissance de doctrines analogues formulées dans une autre langue et à l'aide de concepts qui lui sembleront étranges ou même grotesques. À la poursuite des *vestigia pedis*, avec l'âme « en chasse ardente de sa proie, le Christ », l'élève reconnaîtra un idiome de la langue spirituelle qui nous est parvenue depuis les cultures de chasseurs de l'âge de pierre ; une philosophie cannibale dans celle de l'Eucharistie et du sacrifice du Soma ; et la doctrine des « sept rayons » du Soleil intelligible dans celle des Sept Dons de l'Esprit et dans les « sept yeux » de l'Agneau Apocalyptique et de Cuchulainn. Il se peut qu'il se sente bien moins disposé qu'actuellement à reculer devant les paroles les plus exigeantes du Christ ou de saint Paul sur la « séparation de l'âme et de l'esprit ». S'il se soustrait à l'injonction de haïr, non seulement ses parents terrestres, mais « en vérité, sa propre âme également », et préfère la terminologie édulcorée de la traduction officielle où « vie » remplace « âme », ou qu'il préfère interpréter en un sens uniquement éthique l'injonction de « se nier soi-même », quoique le mot rendu par « nier » signifie « rejeter totalement » ; s'il commence maintenant à se rendre compte que l'« âme » est de la poussière qui retourne à la poussière lorsque l'esprit retourne à Dieu qui en fit don, et que cette « âme » *(nefesh, nafs)* est, pour les théologiens aussi bien hébreux qu'arabes, cette « individualité » charnelle à laquelle pensent les mystiques chrétiens lorsqu'ils affirment que « l'âme doit se mettre elle-même à mort » ; s'il se rend compte que notre existence (en distinguant *esse* de *essentia, genesis* de *ousia, bhū* de *as)* est un crime ; et s'il met en corrélation toutes ces idées avec l'exhortation islamique et indienne de « mourir avant de mourir » et avec le « je vis, mais *non pas moi* » de saint Paul, il sera alors peut-être moins enclin à voir dans la doctrine chrétienne des promesses de vie éternelle pour chaque « âme » qui a été créée avec le corps ; il lui sera, en outre, plus facile de démontrer que les « preuves » des spiritualistes en faveur de la survivance de la personnalité humaine, même si elles sont valables, n'ont absolument aucun fondement religieux.

L'esprit de l'étudiant démocrate, pour qui le concept même d'un « droit divin » est peut-être inintelligible, a une chance d'être brutalement éveillé s'il réalise que, comme nous le rappelle souvent le professeur Buckler, la notion même d'un *royaume* de Dieu sur la terre « repose, pour sa compréhension, sur la signification profonde que la royauté a en Orient » ; car il aura peut-être oublié, dans sa juste détestation de toute dictature, que la définition classique du mot « tyrannie » est celle d'« un roi gouvernant dans son propre intérêt ».

Il ne s'agit pas là d'un compromis unilatéral ; il serait difficile de se rendre pleinement compte du changement qui peut être provoqué dans l'appréciation d'un hindou ou d'un bouddhiste au sujet du christianisme, lorsque l'occasion lui sera donnée d'entrer en contact avec la qualité de pensée qui conduit Vincent de Beauvais à parler de la « férocité » du Christ et Dante à s'émerveiller devant « la multitude de dents avec lesquelles cet Amour mord ».

« Certains contemplent un Nom, certains un autre. Lequel d'entre eux est le meilleur ? Tous sont des indices éminents conduisant à Brahma transcendant, immortel et non incarné. Ces Noms doivent être contemplés, loués et finalement niés. C'est par eux que l'on s'élève de plus en plus haut dans les mondes ; mais, là où tout s'achève, on atteint l'Unité de la Personne » *(Maitri Upaniṣad).* Celui qui connaît ce texte, mais rien de la technique occidentale, sera assurément gagné par une compréhension sympathique quand il apprendra que le chrétien suit également une *via affirmativa* et une *via remotionis* ! Celui à qui on a enseigné une doctrine de « libération du couple des opposés » (passé et futur, plaisir et douleur, etc., les Symplégades du « folklore ») sera troublé par la description que fait Nicolas de Cuse des murs du Paradis, dans lequel Dieu demeure, et qui sont «bâtis de contradictoires» et par celle de Dante de ce qui demeure au-delà de ces murs comme «non spatial ni pourvu de pôles», mais où «tous lieux et tous temps sont dardés». Nous avons besoin de prendre conscience, avec Xénophon, que «lorsque Dieu est notre maître, nous finissons tous par penser de la même manière».

Car il existe autant d'hindous et de bouddhistes dont la connaissance du christianisme et des plus grands auteurs chrétiens est pour ainsi dire nulle, que de chrétiens, pareillement érudits, dont la connaissance véritable d'une autre religion que la leur est pour ainsi dire nulle, parce que ni les uns ni les autres n'ont jamais imaginé ce que cela pouvait signifier que de vivre une autre foi. De même qu'on ne peut connaître véritablement une langue si l'on n'a jamais participé, fût-ce par l'imagination, aux activités auxquelles se rapporte cette langue, il faut avoir vécu une «vie», dans une certaine mesure, pour en avoir une connaissance réelle. Le plus grand des saints indiens contemporains a, de fait, pratiqué les disciplines chrétiennes et islamiques, c'est-à-dire adoré le Christ et Allah, et découvert que toutes conduisent au même but; il pouvait parler en connaissance de cause de l'égale validité de toutes ces «voies», éprouvant pour chacune le même respect, bien qu'il ait préféré pour lui-même celle avec laquelle tout son être se sentait en harmonie par naissance, tempérament et éducation. Quelle perte ç'aurait été pour ses compatriotes et pour le monde, et même pour le christianisme, s'il était «devenu chrétien»! Il y a de nombreux chemins qui conduisent au sommet d'une seule et même montagne; leurs différences sont d'autant plus apparentes que nous sommes plus bas, mais elles s'évanouissent au sommet; chacun prendra naturellement celui qui part du point où il se trouve lui-même; celui qui tourne autour de la montagne pour en chercher un autre n'avance pas dans son ascension. N'approchons jamais un autre croyant pour lui demander de devenir «l'un des *nôtres*», mais approchons-le avec le respect dû à celui qui est déjà «l'un des *Siens*», qui *est,* et de la beauté invariable duquel tout être contingent dépend[16] !

---

1. Ruth Benedict, *Patterns of Culture,* 1934, p. 5.

2. Pour illustrer ce que j'entends ici par «discuter», je renvoie le lecteur à mon article intitulé «On Being in One's Right Mind», dans la *Review of Religion,* vol. VII, New York, 1942, p. 32-40. Bien qu'il soit signé d'un seul auteur, cet article est, en fait, le fruit d'une collaboration entre chrétiens, platoniciens et hindous, exposant une doctrine sur laquelle tous s'accordent.

3. Philon d'Alexandrie, *De specialibus legibus,* II, 65; E. R. Goodenough, *Introduction to Philo Judaeus,* 1940, p. 105, 108.

4. *Lambs among Wolves,* 1903. Voir également mon «Christian Missions in India», dans *Essays in National Idealism,* 1909.

5. J. M. Plumer, «China's High Standard of Living», dans *Asia and the Americas,* février 1944.

6. Alfred Jeremias, *Altorientalische Geisteskultur,* avant-propos. «Une longue chaîne métaphysique parcourt le monde et unit toutes les races» (Johannes Sauter, dans *Archiv für Rechts- und Sozialphilosophie,* Berlin, octobre 1934).

7. Plutarque, *Isis et Osiris,* 67 *(Moralia,* 377). Ainsi William Law, à la suite de la citation placée au début de ce chapitre: «Il n'y a pas un [salut] pour les juifs, un autre pour les chrétiens et un troisième pour les païens. Non, Dieu est unique, la nature humaine est unique et la voie qui y mène est unique; et c'est le désir de l'âme tournée vers Dieu.» En vérité, cela se rapporte au «baptême de désir» ou «de l'esprit» (à distinguer du baptême par l'eau, lequel implique une appartenance réelle à la communauté chrétienne) et modifie seulement le dogme chrétien *extra Ecclesiam nulla salus.* Le véritable problème est le sens exact de l'expression «Église catholique»; nous soutenons que celle-ci devrait s'appliquer non à telle ou telle religion, mais à la communauté, ou à l'ensemble des expériences, de tous ceux qui aiment Dieu. Comme William Law l'affirme également: «Le principal tort d'une secte est de se croire indispensable pour atteindre la vérité, alors qu'on ne trouve la vérité que lorsqu'on sait qu'elle n'est d'aucune secte mais aussi libre et universelle que la bonté de Dieu et aussi commune à tous les hommes et à toutes les nations que l'air et la lumière de ce monde.»

Voir F. W. Buckler: «Le laïque, le dissident, le schismatique ou le païen qui, consciemment ou non, a pris sa croix, est un enfant du royaume de Dieu sur la terre et un *Khalīfah* de notre Seigneur, tandis que le prêtre ou l'évêque qui n'a pas pris sa croix, aussi indiscutable que soit sa continuité apostolique, ne l'est pas» *(The Epiphany of the Cross,* 1938). Il faudrait également se souvenir que (comme le professeur Buckler l'a souvent montré) la notion chrétienne du «royaume de Dieu» ne peut être correctement comprise qu'à la lumière de la théorie orientale de la Royauté et du Droit Divin.

8. Apulée, *L'Âne d'or,* XI, 5. Voir Alfred Jeremias, *Der Kosmos von Sumer* (*Der Alte Orient,* 32, Leipzig, 1932), chap. III, «Die eine Madonna».

9. *Tūzuk-i-Jahāngīrī* (Mémoires de Jahāngīr), traduit par Rogers et Beveridge, 1905, p. 356.

10. R. A. Nicholson, *Mystics of Islam,* 1914, p. 105. De même, «s'il [le fidèle d'une religion spécifique] comprend la parole de Junayd: "La couleur de l'eau est la couleur du récipient qui la contient", il ne gênera pas la croyance des autres hommes, mais percevra Dieu dans chaque forme et dans chaque croyance» (Ibn 'Arabī, Nicholson, *Studies in Islamic Mysticism,* 1921, p. 159). Et, «désormais, je sus qu'il n'existait pas un grand nombre de

dieux adorés par les hommes, mais seulement un Dieu unique, polynyme et polymorphe, représenté et nommé selon la variété de la condition extérieure des choses» (sir George Birdwood, *Sva,* 1915, p. 28).

11. R. A. Nicholson, *Diwāni Shams-i-Tabrīz,* 1898, p. 238, voir 221. Voir Farīd-ud-Dīn 'Aṭṭār, dans *Mantiqu'ṭ Ṭayr*: «Puisque, alors, il y a différentes façons d'accomplir le voyage, il n'y aura pas deux [âmes] oiseaux qui voleront de la même manière. Chacun trouve la voie qui lui est propre sur le chemin de la connaissance mystique; l'un grâce au Mihrāb, et un autre grâce à l'idole.»

12. Sir P. Arunachalam, *Studies and Translations,* Colombo, 1937, p. 201.

13. Traduction de sir George Grierson, *JRAS,* 1908, p. 347.

14. Schleiermacher soutient avec raison *(Reden,* V) que la multiplicité des religions repose sur la nature de la religion elle-même et est nécessaire pour sa parfaite manifestation – «*Nur in der Totalität aller solcher möglichen Formen kann die ganze Religion wirklich gegeben werden.*» Mais Schleiermacher revendique pour le christianisme le rang le plus élevé en prétendant qu'il est exempt de tout exclusivisme!

Una veritas in variis signis varie resplendeat; et, comme l'écrivit Marsile Ficin: «Peut-être, à vrai dire, ce genre de variété, ordonné par Dieu lui-même, déploie un certain ornement admirable de l'univers» *(De christiana religione,* 4).

Voir également l'interprétation par Ernest Cassirer de la «défense de la *libertas credendi*» de Pic de la Mirandole, dans le *Journal of the History of Ideas,* III, 335.

15. La réponse peut être apportée par ce propos de Christopher Dawson: «Une fois que la morale est privée de ses fondements religieux et métaphysiques, elle devient inévitablement subordonnée à des fins inférieures.» Comme il le dit également, la nécessité de restaurer l'éthique de la vocation est devenue le problème essentiel de la société – la «vocation» étant cet état de la vie à laquelle il a plu à Dieu de nous appeler et non le «*job*» vers lequel nous poussent nos propres ambitions.

16. Nous recommandons les ouvrages suivants à l'attention du lecteur:
Sœur Nivedita, *Lambs among Wolves,* 1903; *The Web of Indian Life,* 1904.
Demetra Vaka, *Haremlik,* 1911.
Paul Radin, *Primitive Man as Philosopher,* 1927.
Père W. Schmidt, *The High Gods of North America,* 1933; *Origin and Growth of Religion,* 2ème éd., 1935.
Lord Raglan, *The Hero,* 1936.
Aldous Huxley, *Ends and Means,* 1937; *The Perennial Philosophy,* 1945; *Science, Liberty and Peace,* 1946.
René Guénon, *Orient et Occident,* 1924; *La Crise du monde moderne,* 1927; *Introduction générale à l'étude des doctrines hindoues,* 1921.
Marco Pallis, *Peaks and Lamas,* 1941.
R. St. Barbe Baker, *Africa Drums,* 1942.
Swami Nikhilananda, *The Gospel of Śrī Ramakrishna,* 1942.
N. K. Chadwick, *Poetry and Prophecy,* 1942.
A. K. Coomaraswamy, *Hinduism and Buddhism,* 1943; *The Religious Basis of the Forms of Indian Society,* 1946.
Sir P. Arunachalam, *Studies and Translations,* 1937.
Sir George Birdwood, *Sva,* 1915.
J. C. Archer, *The Sikhs,* 1946.

CHAPITRE IV

SAGESSE ORIENTALE ET SAVOIR OCCIDENTAL

Orient et Occident, La Crise du monde moderne, Introduction générale à l'étude des doctrines hindoues et L'Homme et son devenir selon le Vedānta sont les premiers volumes d'une série dans laquelle la plus grande partie des ouvrages de René Guénon, déjà publiés en français, paraîtront en langue anglaise. Une autre édition de *L'Homme et son devenir* avait été publiée dès 1928[1]. M. René Guénon n'est pas un «orientaliste», mais ce que les Hindous appellent un «maître». Il résida, tout d'abord, à Paris et, à présent, depuis bien des années, il vit en Égypte, où il est affilié à l'islam. Son *Introduction générale à l'étude des doctrines hindoues* parut en 1921[2]. Comme préliminaires à ses travaux ultérieurs sur la philosophie traditionnelle, quelquefois appelée *Philosophia Perennis* (et l'on doit sous-entendre *Universalis,* car cette «philosophie» a été l'héritage commun de toute l'humanité sans exception), Guénon a déblayé le terrain de toute fausse conception dans deux volumes importants, d'une lecture parfois difficile, mais en aucune façon inutile. *L'Erreur spirite* (un ouvrage auquel ce passage de la *Bhagavad Gītā,* XVII, 4: «Ce sont des hommes des ténèbres ceux qui rendent un culte aux morts et aux esprits» aurait pu servir d'épigraphe)[3], et *Le Théosophisme, histoire d'une pseudo-religion*[4]. Ils ont été suivis par *L'Homme et son devenir selon le Vedānta* et *L'Ésotérisme de Dante*[5], *Le Roi du monde*[6], *Saint Bernard*[7], *Autorité spirituelle et Pouvoir temporel*[8], *Le Symbolisme de la croix*[9], *Les États multiples de l'Être*[10] et *La Métaphysique orientale*[11]. Plus récemment, M. Guénon a publié *Le Règne de la quantité et les Signes des temps*[12] et *Les Principes du calcul infinitésimal*[13], en version ronéotypée, puis imprimée.

Entre-temps, d'importants articles de René Guénon furent publiés mensuellement dans *Le Voile d'Isis,* devenu plus tard les *Études Traditionnelles*, dont la parution fut interrompue pendant la guerre, mais a repris avec le numéro de septembre-octobre 1945. Les *Études Traditionnelles* sont consacrées à la *«tradition perpétuelle et unanime, révélée tant par les dogmes et les rites des religions orthodoxes que par la langue universelle des symboles initiatiques».* Parmi les articles qui ont paru ailleurs, signalons «L'ésotérisme islamique» publié dans les *Cahiers du Sud*[14]. Des extraits de l'œuvre de Guénon, avec quelques commentaires, ont paru dans *Triveni* (1935) et dans le *Viśvabharatī Quarterly* (1935, 1938). Un livre de Ludovic de Gaigneron intitulé *Vers la connaissance interdite*[15] a un rapport étroit avec ceux de René Guénon ; il se présente sous la forme d'une discussion à laquelle prennent part l'Ātma *(Spiritus),* le Mental (la «raison» au sens moderne, non au sens platonicien) et un abbé catholique ; la «connaissance interdite» est celle de la gnose que rejettent pareillement l'Église moderne et le rationaliste, quoique pour des raisons fort différentes – la première parce qu'elle ne peut accepter un point de vue qui considère le christianisme seulement comme une religion orthodoxe parmi d'autres et le second parce que, comme l'a fait remarquer un éminent orientaliste (le professeur A. B. Keith) : «Une telle connaissance, qui n'est pas empirique, n'a pas de sens pour nous, et ne devrait pas être appelée connaissance»[16] – ce qui est une confession presque classique des limites du point de vue «scientifique».

La langue de Guénon est à la fois précise et claire et perd inévitablement à être traduite; la matière traitée est d'un intérêt captivant, du moins pour quiconque s'occupe des choses que Platon qualifie de réellement sérieuses[17]. Cependant, elle a souvent été trouvée peu agréable, en partie pour les raisons déjà données et pour celles que formule, assez paradoxalement, un critique du *Meister Eckhart* de Blakney dans le *Harvard Divinity School Bulletin*[18]. Il écrit qu'«à une époque qui croit à la personnalité et au personnalisme, l'impersonnalité du mysticisme est déconcertante». Quant à l'histoire, les lignes suivantes de Guénon: «Celui qui ne peut sortir du point de vue de la succession temporelle et envisager toutes choses en mode simultané est incapable de la moindre conception d'ordre métaphysique»[19] complètent d'une manière adéquate la définition par Jacob Boehme de «l'histoire qui vint une fois à passer» comme «purement et simplement la forme (extérieure) du christianisme»[20]. Pour les hindous, les événements du Rig-Vêda sont «maintenant-toujours» et sans date et la Līlā de Krishna «n'est pas un événement historique»; la confiance du christianisme en des «faits» censément historiques semble être sa grande faiblesse. La valeur de l'histoire littéraire est très minime pour la doxographie et c'est pour cette raison que tant d'hindous orthodoxes ont pensé que les études occidentales étaient un «crime»: *leur* intérêt n'est pas dans «ce que les hommes ont cru», mais dans la vérité. Une autre difficulté réside dans le style intransigeant de Guénon: «La civilisation occidentale est une anomalie, pour ne pas dire une monstruosité.» À ce propos, un critique[21] a dit que «des vues aussi radicales ne peuvent être partagées même par ceux qui critiquent les réalisations de l'Occident». Nous aurions cru, maintenant que nous en sommes au dénouement, que la vérité de l'affirmation de Guénon aurait pu être reconnue par tous les Européens sans parti pris; en tout cas, sir George Birdwood, en 1915, qualifiait la civilisation occidentale moderne de «profane, triste, vide et suicidaire» et le professeur La Piana a dit que «ce que nous appelons notre civilisation n'est qu'une machine meurtrière sans conscience et sans idéaux»[22] et il aurait pu dire aussi bien suicidaire que meurtrière. Il serait bien facile de citer d'innombrables critiques du même genre; sir S. Radhakrishnan soutient, par exemple, que «la civilisation ne vaut pas la peine d'être sauvée si elle continue sur les mêmes bases»[23] et c'est là une chose difficile à nier. Le professeur A. N. Whitehead a parlé tout aussi vigoureusement: «Il reste la façade de la civilisation sans aucune de ses réalités.»[24]

En tout cas, si nous voulons lire Guénon, nous devons nous défaire de cette perspective temporelle et naïve qui a si longtemps et si complaisamment envisagé un progrès continu de l'humanité culminant au XXe siècle, et consentir au moins à nous demander s'il n'y a pas eu une chute continue «de l'âge de pierre à aujourd'hui», comme l'un des hommes les plus érudits des États-Unis me le disait un jour. Ce n'est pas par la «science» que nous pouvons être sauvés: «La possession des sciences dans leur ensemble, si elle n'englobe pas la meilleure, ne sera utile que dans quelques rares cas, mais le plus souvent sera nuisible à son possesseur.»[25] «Nous sommes obligés de reconnaître que notre culture européenne est uniquement une culture de la raison et des sens»[26]; «la prostitution de la science peut conduire à une catastrophe mondiale»[27]; «notre dignité et notre intérêt exigent que nous soyons les guides et non les victimes du progrès technique et scientifique»[28]; «peu de gens nieront que le vingtième siècle nous ait jusqu'ici apporté une amère déception»[29]; «nous devons maintenant faire face à une complète faillite dans tous les domaines de la vie»[30]. Éric Gill parle de la «monstrueuse inhumanité» de l'industrialisme et de la façon de vivre moderne comme n'étant «ni humaine ni normale ni chrétienne... c'est notre façon de penser qui est bizarre et dénaturée»[31].

Notre sentiment d'une frustration est peut-être le signe le plus encourageant de notre temps. Nous avons insisté sur ces choses parce que c'est seulement à ceux qui sentent cette frustration, et non à ceux qui croient encore au progrès, que Guénon s'adresse ; à ceux qui sont satisfaits, tout ce qu'il a à dire paraîtra absurde.

Les réactions des catholiques sont très instructives. L'un d'eux fait remarquer que Guénon est un « métaphysicien sérieux », convaincu de la vérité qu'il expose et désireux de démontrer l'unanimité des traditions orientales et scolastiques, et cet auteur fait remarquer qu'« en de semblables matières, foi et compréhension doivent aller de pair »[32]. *Crede ut intelligas* est un conseil dont les érudits modernes feraient bien de tenir compte ; c'est peut-être justement parce que nous n'avons pas cru que nous n'avons pas encore compris l'Orient. Le même auteur écrit à propos d'*Orient et Occident :* « René Guénon est un des rares écrivains de notre temps dont l'œuvre soit vraiment importante... Il défend la primauté de la métaphysique pure sur toutes les autres formes de connaissance, et se présente comme l'interprète d'une tradition supérieure de la pensée, en grande partie orientale, mais partagée au Moyen Âge par les scolastiques de l'Occident... Il est clair que la position de Guénon n'est pas celle de l'orthodoxie chrétienne, mais beaucoup – peut-être la plupart – de ses thèses sont, en fait, plus en accord avec la doctrine thomiste authentique que ne le sont bien des opinions de chrétiens pieux, mais mal instruits. »[33] Nous ferions bien de nous souvenir que même saint Thomas d'Aquin ne dédaignait pas de faire usage de « preuves extrinsèques et probables » tirées des philosophes « païens ».

Gerald Vann, par ailleurs, commet l'erreur qu'annonce le titre de son article « L'orientalisme de René Guénon »[34], car il ne s'agit pas d'un nouvel « isme » ni d'une opposition géographique, mais de l'antithèse entre la théorie traditionnelle et l'empirisme moderne. Vann accourt à la défense de ce même christianisme dans lequel Guénon voit presque la seule possibilité de salut de l'Occident; seule possibilité, non pas qu'il n'y ait d'autres corps de vérité, mais parce que la mentalité de l'Occident est adaptée à une religion exactement de cette sorte et dont il a besoin. Mais si le christianisme a failli, c'est tout simplement parce que ses perspectives intellectuelles ont été étouffées et qu'il est devenu un code de morale plutôt qu'une doctrine de laquelle toutes les applications peuvent et doivent être dérivées. C'est à peine si deux phrases consécutives de certains sermons de Maître Eckhart seraient compréhensibles dans une congrégation moderne ordinaire qui n'est pas prête à accueillir une doctrine, mais seulement des règles de conduite. Si Guénon veut que l'Occident se mette à l'étude de la métaphysique orientale, ce n'est pas parce qu'elle est orientale, mais parce que c'est *la* métaphysique. Si la métaphysique «orientale» différait de la métaphysique «occidentale» – comme la vraie philosophie diffère de ce qui est souvent appelé ainsi dans nos modernes universités –, l'une ou l'autre ne serait pas la métaphysique. C'est la métaphysique dont l'Occident s'est détournée dans sa tentative désespérée de vivre de pain seulement, une entreprise dont les fruits de mer Morte sont devant nos yeux. C'est seulement parce que cette métaphysique subsiste encore comme une puissance de vie dans les sociétés orientales – dans la mesure où celles-ci n'ont pas été corrompues par le contact desséchant de la civilisation occidentale ou plutôt de la civilisation *moderne* (car l'opposition n'est pas entre Orient et Occident comme tels, mais entre «ces voies que le reste de l'humanité suit tout naturellement» et ces chemins d'après la Renaissance qui nous ont conduits à la présente impasse) – et non pour orientaliser l'Occident, mais pour le ramener à la conscience des racines de sa propre vie et des principes qui ont subi une «transvaluation» dans le sens le plus sinistre, que Guénon nous demande de nous tourner vers l'Orient. Il ne veut pas dire, et il le montre clairement, que les Européens devraient devenir hindous ou bouddhistes, mais bien plutôt qu'eux, qui n'aboutissent à rien par l'étude de «la Bible en tant que littérature» ou par celle de Dante «en tant que poète», devraient redécouvrir le christianisme ou, ce qui revient au même, Platon («ce grand prêtre», comme l'appelle Maître Eckhart). Je suis souvent étonné de l'insensibilité des hommes à l'égard de l'*Apologie* et du *Phèdre,* ou du septième chapitre de la *République*; je suppose que c'est parce qu'ils ne veulent pas entendre, «bien qu'il y en eût un qui ressuscitât d'entre les morts».

Le rapport «Orient-Occident» pose non seulement un problème théorique (nous devons rappeler au lecteur moderne que, du point de vue de la philosophie traditionnelle, «théorique» n'est rien moins qu'un terme de mépris), mais également un problème pratique urgent. Pearl Buck demande: «Pourquoi les préjugés sont-ils si forts actuellement? La réponse, me semble-t-il, est facile. Les moyens de transport et d'autres circonstances ont forcé des parties du monde autrefois éloignées les unes des autres à entrer en un contact étroit auquel les peuples ne sont *ni mentalement ni spirituellement préparés*... Il n'est pas nécessaire de croire que cette phase initiale doive continuer. Si ceux qui sont prêts à agir comme interprètes veulent bien accomplir le travail qui est le leur, nous trouverons peut-être d'ici une génération ou deux, ou même plus tôt, que l'aversion et le parti pris ont disparu. Cela n'est possible que si de fortes et promptes mesures sont prises par les peuples pour rester mentalement à la hauteur du problème posé par la proximité croissante à laquelle la guerre nous oblige.»[35] Mais si cela doit arriver, l'Occident devra abandonner ce que Guénon appelle «sa fureur de prosélytisme», expression qu'on ne doit pas considérer comme s'appliquant à la seule activité des missionnaires chrétiens, aussi regrettable qu'elle soit parfois, mais à celle de tous les distributeurs de «civilisation» moderne et de presque tous les «éducateurs» qui pensent avoir plus à donner qu'à recevoir de ceux qui sont souvent appelés peuples «arriérés» ou «qui ne progressent pas»; à l'activité de tous ceux à qui il ne vient pas à l'esprit qu'on peut ne pas souhaiter le progrès ou ne pas en avoir besoin lorsqu'on a atteint un état d'équilibre qui contribue déjà à la réalisation de ce qu'on considère comme les plus grands buts de la vie. C'est quand cette fureur de prosélytisme se dissimule sous les masques de la bonne volonté et des meilleures intentions qu'elle revêt les aspects les plus dangereux. Pour beaucoup, cette «fureur» ne peut que rappeler la fable du renard qui perdit sa queue et qui persuada les autres de couper la leur. Il se peut qu'une industrialisation de l'Orient soit inévitable, mais ne donnons pas le nom de bénédiction au fait qu'un peuple soit ravalé au niveau d'un prolétariat et n'affirmons pas davantage qu'un niveau de vie plus élevé entraîne nécessairement plus de bonheur. L'Occident découvre seulement maintenant, à son grand étonnement, que les «attraits matériels, c'est-à-dire l'argent et les choses que l'argent peut acheter» ne sont en aucune manière une force aussi irrésistible qu'on l'a supposé; «au-delà du niveau de la subsistance, la théorie selon laquelle ce stimulant serait décisif est largement une illusion»[36]. Quant à l'Orient, comme le dit Guénon, «la seule impression que les inventions mécaniques, par exemple, produisent sur la généralité des Orientaux, c'est une profonde répulsion; tout cela leur paraît assurément plus gênant qu'avantageux et, s'ils se trouvent obligés d'accepter certaines nécessités de l'époque actuelle, c'est avec l'espoir de s'en débarrasser un jour ou l'autre... Ce que les Occidentaux appellent "s'élever", il en est qui, en ce qui les concerne, l'appelleraient "s'abaisser"; c'est là ce qu'en pensent tous les Orientaux»[37]. Il ne faudrait pas supposer, parce que tant de peuples orientaux nous ont imités par légitime défense, qu'ils ont pour cela accepté nos valeurs; au contraire, c'est justement parce que l'Orient conservateur conteste encore toutes les présuppositions sur lesquelles repose notre illusion du progrès qu'il mérite notre plus sérieuse considération.

Il n'y a rien dans les contacts économiques qui soit capable de réduire automatiquement les préjugés ou de faciliter la compréhension réciproque. Même lorsque les Européens vivent au milieu des Orientaux, « le contact *économique* entre Orientaux et Occidentaux est pratiquement le seul qu'il y ait. Il y a fort peu d'échanges sociaux ou religieux entre eux. Chacun vit dans un monde entièrement fermé à l'autre, et par "fermé" nous voulons dire non seulement "inconnu" mais encore incompréhensible »[38]. Il s'agit d'une relation inhumaine par laquelle les deux parties se dégradent.

Il ne faut pas non plus supposer que l'Orient croie important que les masses apprennent à lire et à écrire. L'instruction est pratiquement une nécessité dans une société industrielle, où tenir des comptes est de première nécessité. Mais en Inde, dans la mesure où les méthodes d'éducation occidentales n'ont pas été imposées de l'extérieur, toute éducation supérieure est dispensée oralement, et avoir *entendu* est beaucoup plus important qu'avoir *lu*. En même temps, le paysan, empêché par son ignorance et sa pauvreté de dévorer les journaux et les magazines qui forment la lecture quotidienne, et presque la seule lecture, de la grande majorité des « lettrés » occidentaux, est semblable aux fermiers béotiens d'Hésiode. Et, davantage encore, il est comme les Highlanders qui parlaient gaélique avant l'ère des écoles primaires, parfaitement familiarisés avec une littérature épique d'une profonde signification spirituelle, trésor poétique et musical d'une valeur incalculable. On ne peut que regretter l'extension d'une « éducation » qui implique la destruction de toutes ces choses ou ne les conserve que comme curiosités sous la couverture des livres. Il n'est pas important, du point de vue culturel, que la masse soit lettrée ; il n'est pas nécessaire que personne soit lettré ; il est seulement nécessaire qu'il y ait parmi le peuple des philosophes (dans le sens traditionnel, non pas moderne, du mot) et que le profane garde un profond respect pour la connaissance véritable, ce qui est à l'opposé de l'attitude américaine à l'égard du «professeur». Sous ce rapport, l'Orient tout entier est encore très en avance sur l'Occident et, en conséquence, la culture de l'élite exerce sur la société dans son ensemble une influence bien plus profonde que celle que le «penseur» spécialisé d'Occident pourrait jamais espérer exercer.

Cependant, ce qui intéresse Guénon avant tout, ce n'est pas la protection de l'Orient contre les incursions subversives de la «culture» occidentale, mais plutôt cette question: quelle possibilité de régénération peut être envisagée pour l'Occident? La possibilité n'existe que dans le cas d'un retour aux premiers principes et aux façons de vivre normales qui procèdent de l'application des principes aux circonstances contingentes. Comme ce n'est qu'en Orient que ces choses sont encore vivantes, c'est vers l'Orient que l'Occident doit se tourner. «C'est l'Occident qui doit prendre l'initiative, mais pour aller vraiment vers l'Orient, non pour essayer de tirer l'Orient à lui comme il l'a fait jusqu'ici. Cette initiative, l'Orient n'a aucune raison de la prendre, même si les conditions du monde occidental n'étaient pas telles qu'elles rendent inutile tout effort dans ce sens... Il nous reste maintenant à indiquer comment une telle tentative peut être envisagée.»[39]

Il se met en devoir de démontrer que le travail doit être fait dans les deux domaines, celui de la métaphysique et celui de la religion, et ne peut être entrepris qu'au niveau intellectuel le plus élevé, où un accord sur les principes premiers peut être atteint, loin de toute propagande ou même de toute apologie de la «civilisation occidentale».

Le travail doit être entrepris, par conséquent, par une «élite». Or, comme ce que Guénon veut dire est ici, plus que partout ailleurs, susceptible d'être mal interprété à dessein, nous devons comprendre clairement ce qu'il entend par une telle élite. La divergence de l'Occident par rapport à l'Orient étant seulement «accidentelle», «le rapprochement de ces deux parties de l'humanité et le retour de l'Occident à une civilisation normale ne sont, en somme, qu'une seule et même chose». L'élite travaillera d'abord «pour elle-même puisque, naturellement, ses membres recueilleront de leur propre développement un bénéfice immédiat et qui ne saurait faire défaut». Un résultat indirect – «indirect», parce qu'à ce niveau intellectuel on ne pense pas à «faire du bien» aux autres ou à «servir», mais on cherche la vérité parce qu'on en a besoin soi-même – pourrait, dans des conditions favorables, amener un «retour de l'Occident à une civilisation traditionnelle», c'est-à-dire à une civilisation dans laquelle «tout apparaît comme l'application et le prolongement d'une doctrine purement intellectuelle ou métaphysique en son essence»[40].

René Guénon insiste, à maintes reprises, sur le fait que, par cette élite, il n'entend pas un corps de spécialistes ou d'érudits qui absorberait et imposerait à l'Occident les formes d'une culture étrangère ni même qui persuaderait l'Occident de retourner à une civilisation traditionnelle telle que celle qui existait au Moyen Âge. Les cultures traditionnelles se développent par l'application des principes aux contingences; les principes, en effet, sont immuables et universels, mais, de même que rien ne peut être connu sinon dans le mode du connaissant, de même rien de valable ne peut être accompli socialement sans tenir compte de la nature de ceux qui sont concernés et des circonstances temporelles particulières dans lesquelles ils vivent. Il n'y a pas de «fusion» des cultures à espérer; ce n'est rien de semblable à un «éclectisme» ou à un «syncrétisme» qu'une élite aurait en vue. De même, jamais une telle élite ne serait organisée de manière à exercer une influence aussi directe que celle, par exemple, que les technocrates aimeraient exercer pour le bien de l'humanité. Si une telle élite voyait jamais le jour, la vaste majorité des Occidentaux n'en saurait rien; elle agirait seulement comme une sorte de levain, et certainement en faveur de, et non contre, ce qui peut survivre d'essence traditionnelle dans les domaines de l'orthodoxie grecque et du catholicisme romain, par exemple. Il est, en effet, curieux que certains des plus ardents défenseurs du dogme chrétien se trouvent parmi des Orientaux: ils ne sont pas eux-mêmes chrétiens ni susceptibles de jamais le devenir, mais ils reconnaissent dans la tradition chrétienne une incarnation de la Vérité universelle que Dieu n'a jamais nulle part laissée sans témoignage.

En attendant, René Guénon demande: «Serait-ce vraiment le "commencement de la fin" pour la civilisation moderne?... Tout au moins, bien des indices doivent donner à réfléchir à ceux qui en sont encore capables; l'Occident parviendra-t-il à se ressaisir à temps?» Peu de gens nieront que nous sommes placés en face de la possibilité d'une désintégration totale de la culture. Nous sommes en guerre avec nous-mêmes et, *par conséquent,* en guerre les uns contre les autres. L'homme occidental a perdu son équilibre et la question «Pourra-t-il se ressaisir?» est d'une très réelle urgence. Aucun de ceux à qui la question se présente ne peut se permettre d'ignorer les écrits du meilleur interprète contemporain de la sagesse traditionnelle, qui n'est pas plus essentiellement orientale qu'elle n'est occidentale, quoique ce ne soit peut-être que dans les parties les plus éloignées de la Terre que l'on se souvienne encore d'elle et qu'elle doive être recherchée.

---

1. Londres, Rider, 1928.
2. Paris, 2ème éd., 1932.
3. Paris, 1923, 2ème éd., 1930.
4. Paris, 1921, 2ème éd., 1930.
5. Paris, 1925.
6. Paris, 1927.
7. Marseille, 1929.
8. Paris, 1930.
9. Paris, 1931.
10. Paris, 1932.
11. Paris, 1939 – conférence donnée à la Sorbonne en 1925; 2ème éd., 1946.
12. Le Caire, 1943, et Londres, 1944.
13. Le Caire, 1943, et Paris, 1946, version imprimée.
14. 22ème année, 1935.

15. Paris, 1935.
16. *Aitareya Āraṇyaka,* Oxford, 1909, p. 42.
17. Lois, 803 b, c ; *Philèbe,* 58 a ; *République,* 521 c, d ; *Timée,* 47 b, etc.
18. XXXIX, 1942, p. 107.
19. *La Métaphysique orientale,* p. 18.
20. *Signatura rerum,* XV, 24.
21. Betty Heiman dans *BSOAS,* X, 1942, p. 1048.
22. *Harvard Divinity School Bulletin,* XXVII, 27.
23. *Eastern Religions and Western Thought,* p. 257.
24. *Adventures of Ideas,* 1933, p. 358.
25. Platon, *Alcibiade,* II, 144 d.
26. Worrington, *Form in Gothic,* p. 75.
27. Leroy Waterman in *JAOS,* LVIII, 410.
28. Rt. Hon. Herbert Morison dans le rapport de la *British Association, Science and World Order,* janvier 1942, p. 33.
29. Professeur J. M. Mecklin, *Passing of the Saint,* p. 197.
30. Lionel Giles, *Luzac's Oriental List.*
31. *Autobiography,* p. 145, 174, 279.
32. Walter Shewring dans *Weekly Review,* janvier 1939.
33. *Weekly Review,* 28 août 1941.
34. Dans *New English Weekly,* septembre 1941.
35. *Asia,* mars 1942 ; c'est moi qui souligne.
36. National Research Council, *Fatigue of Workers,* 1942, p. 143.
37. *Orient et Occident,* p. 38, p. 64.
38. J. H. Boeke, *Structure of Netherlands Indian Economy,* 1942, p. 68.
39. *Orient et Occident,* p. 145-146.
40. *Orient et Occident,* p. 215-216.

Chapitre V
ORIENT ET OCCIDENT

L'expression «Orient et Occident» implique une antithèse culturelle plutôt que géographique, une opposition entre la manière de vivre traditionnelle ou ordinaire qui survit en Orient et celle, moderne et irrégulière, qui prédomine, à présent, en Occident. C'est parce qu'une semblable opposition n'aurait pu être ressentie avant la Renaissance que nous disons que c'est un problème qui se présente seulement accidentellement en termes de géographie; c'est une question de temps beaucoup plus que de lieu. Car, si l'on exclut les philosophies «modernistes» et individualistes d'aujourd'hui pour ne considérer que la grande tradition des philosophes magnanimes, dont la philosophie était aussi une religion qui devait être vécue afin d'être comprise, il apparaîtra bientôt que les différences de culture entre l'Orient et l'Occident, ou entre le Nord et le Sud, sont seulement comparables à des différences de dialectes; tous parlent ce qui est essentiellement un seul et même langage spirituel, usant de termes différents, mais exprimant les mêmes idées et, très souvent, au moyen d'expressions identiques. Autrement dit, il existe un langage universellement intelligible, non seulement verbal, mais aussi visuel, des idées fondamentales sur lesquelles reposent les différentes civilisations.

Il existe alors, dans cette axiologie ou corps des premiers principes communément acceptés, un univers commun du discours qui nous fournit la base nécessaire pour la communication, la compréhension et l'accord, et, ainsi, pour une coopération effective dans l'application de valeurs spirituelles communément reconnues à la solution de problèmes contingents d'organisation et de conduite. Il est clair, cependant, que cette compréhension et cet accord ne peuvent être atteints et confirmés que par des philosophes ou des érudits, qui soient plus que des philologues et pour qui la connaissance de la grande tradition ait été une expérience vitale et transformatrice – s'il est possible d'en trouver; c'est grâce au levain ou au ferment d'une telle expérience que les civilisations épigonales et décadentes d'aujourd'hui pourraient être «renouvelées dans la connaissance». J'emploie l'expression de saint Paul «dans la connaissance», sans faire référence à la connaissance des «faits scientifiques» ou à un quelconque pouvoir de «conquérir la nature», mais à la connaissance de notre Soi que les véritables philosophes d'Orient et d'Occident ont toujours tenue pour la condition *sine qua non* de la sagesse; car il ne s'agit pas de remédier à un «manque d'instruction» ou à une «ignorance des faits», mais de restituer son sens ou sa valeur à un monde de «réalité appauvrie». L'Orient et l'Occident se trouvent en désaccord uniquement parce que l'Occident est *déterminé,* c'est-à-dire à la fois résolu et contraint économiquement, à continuer d'avancer sans savoir où, et il appelle «progrès» ce voyage à la dérive.

C'est, bien entendu, par ce que nos philosophes et savants idéaux, agissant comme médiateurs, pourraient *être,* par le simple fait de leur présence, comme catalyseurs, plutôt que par une quelconque intervention dans les domaines politique ou économique, qu'ils pourraient opérer efficacement; ils ne seraient d'aucune utilité pour les «élections» et n'auraient aucun désir de «représenter» leur nation à Genève; et, restant invisibles, ils ne soulèveraient aucune opposition. À l'heure actuelle, deux ou trois noms me viennent à l'esprit: René Guénon, Frithjof Schuon, Marco Pallis; il n'est pas possible d'envisager ici ceux qui ne connaissent que l'Occident ou que l'Orient, même si c'est de manière parfaite.

D'autre part, la simple bonne volonté ou la philanthropie ne saurait suffire ; bien qu'il soit vrai que les solutions correctes sont nécessairement les bonnes, il ne faut nullement en conclure que ce qui semblera bon à l'altruiste sera également juste. Il n'y a pas place ici pour la fureur de prosélytisme des « idéalistes ». « Le siècle de l'homme ordinaire » est, en réalité, le siècle de l'homme déterminé économiquement dont le meilleur et le pire sont pareillement dépourvus de principes : un homme qui est beaucoup trop ordinaire pour ce que nous lui proposons. Je me demande combien parmi nos « communistes » se rendent compte que l'expression « homme ordinaire » *(« common man »)*, *communis homo*, se réfère originairement, non à l'homme de la rue comme tel, mais à la déité immanente, l'Homme véritable présent en tout homme ! Et ce que signifie « libre entreprise », c'est « sa main – celle de l'homme ordinaire au sens où nous l'entendons – contre celle de chaque homme et la main de chaque homme contre lui »* : ici reposent les germes fertiles de guerres futures. Nous désirons autre chose qu'une norme de vie quantitative. Nous voulons une forme de société dans laquelle, selon saint Augustin, « chacun a sa place divinement préordonnée, où chacun trouve sécurité, honneur et contentement, sans envier le rang, le respect et le bonheur dont les autres jouissent : une société où Dieu est recherché, trouvé et magnifié en toutes choses » ; une société dans laquelle, selon les termes de Pie XII, « tout métier possède une dignité intrinsèque et en même temps un rapport étroit avec le perfectionnement de la personne » ; voilà presque un résumé littéral de la véritable philosophie du travail telle que Platon et la *Bhagavad Gītā* l'ont exposée. Il n'y a, à ma connaissance, aucune forme de société plus proche de la réalisation de cette condition que l'organisation sociale indienne. À ce propos, Sir George Birdwood, chrétien convaincu et exemplaire, écrivait : « Nous aurions tenu pour impossible la réalisation d'un pareil ordre social idéal, mais celui-ci continue d'exister [encore que de manière précaire] et nous offre, par les résultats encore vivants qu'il obtient quotidiennement en Inde, une preuve de la supériorité, sous tant d'aspects insoupçonnés, de la civilisation hiérarchique de l'Antiquité sur la civilisation profane, triste, vide et suicidaire de l'Occident moderne.»

Nous devons tenir compte du fait que presque tous les peuples orientaux redoutent ou haïssent la plupart des nations occidentales et s'en défient. Nous devons nous demander pourquoi il doit en être ainsi et si ces dernières sont irrémédiablement vouées à tout détruire, à créer des déserts en appelant cela «paix» *. Dès 1761, William Law demandait aux hommes de «contempler toute la Chrétienté européenne parcourant le monde avec le fer et le feu, usant de tout art militaire meurtrier pour s'emparer des biens et faire périr les habitants des Indes. Quel droit naturel de l'homme, quelle vertu surnaturelle, que le Christ fit descendre du Ciel, ne furent pas ici foulés aux pieds? Tout ce que vous avez jamais lu ou entendu à propos de la barbarie des païens fut ici dépassé par les conquérants chrétiens. Et jusqu'à ce jour, toutes ces guerres entre chrétiens... pour une misérable part du butin d'un monde païen mis à sac». Écrites immédiatement après une année de succès militaires britanniques, «dans chacune des quatre parties du globe», ces lignes, comme celles des derniers chapitres des *Voyages de Gulliver*, auraient pu l'être il y a vingt ans, quand commencèrent de s'ébruiter des nouvelles du massacre d'Amritsar; ou aujourd'hui, où l'on admet officiellement que, depuis le début de la présente guerre, les soldats britanniques ont tiré à de nombreuses occasions sur des foules sans armes; à l'heure où le fouet est le châtiment ordinaire pour les délits politiques, où des milliers de représentants élus et autres «délinquants politiques» (la plupart engagés dans des actions «non violentes») sont demeurés longtemps en prison, sans chef d'accusation et sans être jugés, et où tout homme risque, à tout instant, d'être arrêté et gardé au secret de la même manière. Et tout cela parce que «la perte de l'Inde consommerait l'effondrement de l'Empire britannique», et que le gouvernement britannique, le «Constricteur» (Namuci – le Fafnir indien, ou le «Pharaon» décrit dans *Ézéchiel* 29. 3) de l'âge actuel, a l'intention de conserver ses propres gains mal acquis, au nom d'une «responsabilité morale» envers des peuples qui ont pu être divisés entre eux *(divide et impera)*, mais qui ne le sont certainement pas lorsqu'il s'agit d'être émancipés pour résoudre leurs propres difficultés. Il n'est pas surprenant que les païens soient furieux; non en raison de leur «aveuglement», mais parce qu'ils ne voient que trop clairement que l'Empire est une institution commerciale et financière dont l'objectif dernier est le vol[1].

La politique et l'économie, même si elles ne peuvent être ignorées, constituent toutefois l'aspect le plus extérieur et secondaire de notre problème. Ce n'est pas avec leur aide qu'une compréhension et un accord pourront intervenir, mais c'est, au contraire, par la compréhension que les problèmes politiques et économiques pourront être résolus. Premier problème spirituel dont la solution doit comporter une coopération (si nous pensons qu'il existe quelque chose de mieux que la simple soumission des autres peuples à nos mœurs et à nos habitudes), et à propos duquel une théorie commune a été admise: l'élimination de l'appât du gain par lequel le capital et la main-d'œuvre sont, de nos jours, pareillement dominés et paralysés. Autrement dit, le problème est celui de la restauration de l'idée de vocation, non pas conçue comme un «choix» arbitraire ou une détermination passive par des besoins ou l'ambition sociale, mais comme un métier auquel on se sent impérieusement appelé par sa propre nature et dans lequel, en conséquence, chaque homme peut réaliser à la fois la perfection de ce qu'il produit et sa propre entéléchie. Car il est indéniable que, de la sorte, comme le dit Platon, «davantage sera accompli, mieux et plus aisément que de toute autre façon», affirmation dont le commandement : « Cherchez d'abord le royaume de Dieu et sa justice » *(dichaiosunê = dharma)*, et la promesse : « Tout le reste vous sera donné par surcroît », sont presque la paraphrase littérale.

Dans un ordre fondé sur la vocation, tout métier (c'est-à-dire tout « chemin » de vie) doit convenir à quelqu'un et être conforme à la dignité humaine. Cela veut dire, en dernière analyse, que, s'il y a des emplois qui ne sont absolument pas compatibles avec la dignité humaine, ou des choses qui sont intrinsèquement sans valeur, de tels emplois et de tels produits doivent être abandonnés par toute société qui a en vue la dignité de l'ensemble de ses membres. Nous touchons là au problème de l'usage et de l'abus des machines : usage, si l'instrument permet à l'artisan de bien faire ce dont il a besoin et dans la fabrication duquel il se complaira ; abus, si l'instrument, dans lequel une autre partie a un intérêt matériel opposé à celui de l'artisan, contrôle lui-même le genre et la qualité de ce que ce dernier produit. La différence réside entre l'outil (aussi complexe soit-il), qui aide l'homme à fabriquer la chose qu'il veut produire, et la machine (aussi simple soit-elle), qui doit être servie par l'homme et qui le contrôle en réalité. Ce problème doit être résolu si l'on veut que le monde devienne « un lieu sûr pour la démocratie » et à l'abri de l'exploitation ; et il ne pourra être résolu par un accord que lorsque les intentions du système traditionnel des castes auront été comprises. On s'est déjà amplement rendu compte que ces intentions ne peuvent pas être réalisées dans le cadre de l'industrialisme capitaliste, quelque « démocratique » qu'il soit, mais uniquement là où la production est essentiellement destinée « à un bon usage ». La question ne doit pas non plus être envisagée du seul point de vue du producteur. Il y a également des valeurs du point de vue du consommateur – et qui n'est pas consommateur ? Il faut reconnaître (les preuves sont disponibles dans tout bon musée) que la machine, comme nous l'avons définie précédemment, n'est pas l'équivalent de l'outil, mais qu'elle le remplace et que tout ce qui est fabriqué par la machine directement pour un usage humain est qualitativement inférieur à tout ce qu'on peut fabriquer à l'aide de l'outil. J'ai observé la publicité suivante chez un marchand de tapis d'occasion: jusqu'à 50 dollars pour les «Américains» et jusqu'à 500 dollars pour les «Orientaux». C'est, en dernier ressort, au consommateur de décider du prix qu'il veut mettre; et aucune société qui repose sur «la loi des requins» ne peut faire en sorte qu'il opte pour la deuxième solution. L'association de la qualité et de la quantité est une chimère, tout comme le service de Dieu et de Mammon; elle est, comme celui-ci, impossible. Nous ne saurions, en aucun cas, considérer que la «richesse» ou les «hauts niveaux de vie» puissent être mesurés en termes de quantité et de compétitivité.

Si l'on ne parvient pas à une compréhension et à un accord aux plus hauts niveaux de référence, on court le risque de susciter un nouveau monde parfait de fraternité générale, qui se réduirait, dans la meilleure hypothèse, à une élémentaire commensalité pendant la prétendue paix qui interrompt de temps en temps les guerres d'acquisition, de pacification et d'éducation. L'œuvre des «missionnaires», qu'ils représentent une religion déterminée, l'humanisme scientifique ou l'industrialisme, est une force niveleuse plutôt qu'élévatrice, et rien d'autre qu'une réduction des cultures du monde à leur plus petit dénominateur commun – «Père, pardonne-leur, car ils ne savent pas ce qu'ils font.» Il ne suffit pas, pour assurer la félicité, d'établir simplement ailleurs des répliques des institutions modernes en lesquelles l'Occident, dans sa majorité, croit encore, bien que précisément ces façons de vivre aient déjà engendré des désastres, ni de rêver simplement de mélanger l'huile de la «justice économique» avec l'acide d'un «commerce mondial» compétitif. L'Orient retardataire, pour autant qu'il est encore «retardataire», est beaucoup plus heureux et tranquille, beaucoup moins effrayé par la vie et par la mort que l'Occident «avancé» ne l'a jamais été et ne pourra l'être. La conquête de la nature, la «divinisation» de l'insatisfaction, la mise sur un piédestal des créateurs de « nouveaux besoins »[2], le sacrifice de la spontanéité à la notion d'un « progrès » inévitable[3], voilà des dogmes de l'« Évangile Social » qui ne figurent pas au nombre de ceux que l'Orient ait jamais considérés comme contribuant au bonheur.

Il ressort de ce qui a été dit plus haut que toute initiative de *rapprochement* doit prendre naissance en Occident, ne serait-ce que parce que c'est l'Occident moderne qui, le premier, a abandonné les normes jadis communes, alors que l'Orient survivant et encore majoritaire, aussi amoindri et décadent soit-il, y adhère toujours. Il est vrai qu'il existe un autre Orient, modernisé et déraciné, avec lequel l'Occident peut entrer en *concurrence*; mais c'est uniquement avec l'Orient qui survit, l'Orient superstitieux – celui de Gandhi, le seul qui n'ait jamais tenté de vivre de pain seulement – que l'Occident peut *coopérer*. Qui connaît cet Orient-là ?

C'est de nos philosophes, de nos lettrés et de nos théologiens que nous sommes en droit d'attendre une telle connaissance ; et, à présent, c'est avant tout sur nos universités occidentales et sur nos Églises, sur nos « éducateurs » que repose la responsabilité des futures relations internationales, quelle que soit leur importance actuellement et la part qu'elles pourront vraiment jouer pour « dissiper les nuages de l'ignorance qui soustraient l'Orient aux regards de l'Occident ».

Nous avons besoin de lettrés (et cela en chaire, dans les classes de collège et « sur les ondes ») pour qui le latin et le grec, mais aussi l'arabe et le persan, le sanskrit et le tamoul, le chinois et le tibétain soient encore des langues vivantes, c'est-à-dire dans lesquelles on doive trouver des formulations de principes s'appliquant à toutes les vies humaines ; nous avons besoin de traducteurs qui n'oublient pas que, pour traduire sans trahir, il faut avoir fait soi-même l'expérience du contenu de ce qui est à « transmettre ».

Nous avons besoin de théologiens qui puissent autant penser en termes de théologie chrétienne qu'en termes de théologie islamique, hindoue ou taoïste, et qui aient réalisé, par une vérification personnelle, que, comme le disait Platon, tous les hommes, « qu'ils soient grecs ou barbares », reconnaissent et servent en fait un seul et même Dieu, quel que soit son nom, ou, si vous préférez, un seul et même « Fils de l'Homme » immanent. Le Fils dont parlait Maître Eckhart lorsqu'il déclarait que « celui qui *me* voit, voit mon *enfant* ».

Nous avons besoin d'anthropologues de qualité comme Richard St. Barbe Baker, Karl von Spiess, le père W. Schmidt et Nora K. Chadwick et de folkloristes comme J. F. Campbell et Alexander Carmichael – la valeur d'hommes comme le professeur A. A. Macdonell et Sir J. G. Frazer étant seulement celle de bûcherons et de puiseurs d'eau pour ceux qui « comprennent leur sujet ».

Nous avons besoin de médiateurs pour qui l'univers commun du discours soit encore une réalité, d'hommes d'une espèce qui a rarement été élevée dans les collèges ou formée dans les universités modernes. Cela signifie que le problème essentiel est celui de la rééducation des hommes de lettres occidentaux[4]. Plus d'un m'a raconté qu'il lui avait fallu dix ans pour se débarrasser d'une éducation reçue à Harvard; je n'ai aucune idée du temps qu'il faudrait pour se défaire d'une éducation reçue dans un collège missionnaire ou pour se remettre d'une série de conférences sur les religions comparées donnée par un calviniste.

Nous avons besoin de « réactionnaires » capables de repartir à zéro – d'un *in principio* compris en un sens davantage logique que temporel et très certainement pas uniquement au sens d'un *ante quo bellum,* le point où commence l'éducation de l'« homme ordinaire » amnésique d'aujourd'hui. Par « réactionnaire », j'entends des hommes qui, lorsqu'ils sont dans une impasse, n'ont pas peur de s'entendre dire : « Nous ne pouvons pas retarder l'heure » ou : « La machine s'est enrayée.» La véritable intention de mes réactionnaires, pour qui il n'existe pas de «passé mort», n'est pas de retarder l'heure, mais bien de l'avancer pour un autre midi.

Nous avons besoin d'hommes qui n'ont pas peur de s'entendre dire qu'«on ne peut pas changer la nature humaine», ce qui est assez vrai dans son sens propre, mais non si nous avons l'illusion de croire que la nature humaine n'est qu'une nature économique. Que penserions-nous d'un homme ayant perdu sa route, au bord d'un précipice – et n'est-ce pas «une pente escarpée qui mène à la mer» sur laquelle la civilisation européenne, en dépit de toutes ses bonnes intentions, est en train de glisser à présent? – qui serait trop stupide ou trop orgueilleux pour rebrousser chemin? Qui, vraiment, ne rebrousserait chemin si seulement il savait comment? Nous en avons la preuve dans la multitude des «plans» actuels pour un monde meilleur auquel les hommes aspirent, sans se souvenir un seul instant qu'il n'y a qu'«une seule chose nécessaire». L'Occident moderne doit être «renouvelé – dans la connaissance».

Ici encore, il nous faut prendre garde; il existe, en effet, deux conséquences possibles, et très différentes, qui peuvent découler d'un contact culturel entre l'Orient et l'Occident. On peut, comme Jawaharlal Nehru et selon ses propres termes, «devenir un singulier mélange d'Orient et d'Occident, partout hors de sa place et nulle part chez soi»; *ou bien*, étant encore soi-même, on peut apprendre à se trouver partout «à sa place» et «chez soi» n'importe où: au sens le plus profond, un citoyen du monde.

C'est un problème qui se pose en termes d'«éducation», autrement dit en termes de «réminiscence»; et, une fois qu'il sera résolu, une fois que l'Occident aura retrouvé son «Soi», qui est aussi le Soi de tous les autres hommes, le problème de la compréhension du «mystérieux» Orient aura été, en même temps, résolu. Il ne restera plus qu'à mettre en pratique ce qui a été rappelé. L'autre terme de l'alternative est une réduction du monde entier à l'état présent de l'Europe. Il s'agit finalement de choisir entre un mouvement délibérément dirigé vers un but ou une «destinée» prévue et une soumission passive à un progrès ou à une «fatalité» inexorable, entre un mode de vie chargé de valeur et de sens et un autre sans valeur et vide de sens.

---

1. «Il est tout à fait normal qu'en Angleterre une bonne part des produits de la terre soit réservée pour entretenir l'opulence de certaines familles, pour produire des sénateurs, des sages et des héros en vue du service et de la défense de l'État... *mais en Inde*, cet esprit hautain, *cette indépendance et cette profondeur de pensée*, que confère parfois la possession de grandes richesses, *doivent être supprimés. Ils sont absolument contraires à notre pouvoir politique*» (*Skeen Commission Report*, H. M. Stationery Office, Londres; et le *Times* de Londres, août 1927, p. 9) (c'est moi qui souligne).

Ce cynisme avoué est infiniment préférable au sentimentalisme de ceux qui se demandent pourquoi les peuples de l'Inde ne sont pas «reconnaissants» pour tous les avantages que la domination britannique leur a procurés. Le fonctionnaire britannique, payé avec de l'argent indien, doit se consacrer exclusivement au bien de l'Inde; il peut être personnellement sympathique mais, en faisant son travail, il accomplit son devoir qui, s'il est bien fait, doit mériter le respect, mais difficilement la reconnaissance. Car «une domination étrangère est un épouvantable fléau et les avantages accessoires qu'elle peut apporter ne compenseront jamais la dégradation spirituelle qu'elle entraîne» (*Hindustan Times*, 25 novembre 1945).

2. «Le facteur commun de l'ensemble de la situation réside dans le simple fait qu'à n'importe quelle période donnée, les besoins matériels de l'individu sont limités de manière très précise; toute tentative pour les étendre artificiellement entre en conflit avec la marche évidente de l'évolution, qui est de subordonner ce qui est matériel aux contraintes mentales et psychologiques, et l'impulsion derrière l'industrialisme effréné n'est pas progressiste mais réactionnaire» (Douglas, *Economic Democracy*, 1918, cité par Lionel Birch, *The Waggoner on the Footplate*, 1933, p. 130). «Les meilleures qualités d'une nation commencent presque toujours à disparaître quand les obligations réciproques sont converties en valeurs financières, parce que le sens de l'association et de l'obligation se perd dans un maquis juridique sans contrat moral. Il n'est pas déraisonnable de dire que le vilain du Moyen Âge était plus libre et avait plus de sécurité et de dignité, à son niveau, que l'esclave à gages d'aujourd'hui. Cet aspect a été négligé et nié par les historiens libéraux qui croyaient sincèrement aux gloires du "laissez faire" et aux beautés spirituelles de la formule "Chacun pour soi et Dieu pour tous"» (Comte de Portsmouth, *Alternative to Death*, 1944, p. 87).

3. «Dans l'Inde, chaque occupation est un sacerdoce... les métiers et les rites ne peuvent se distinguer exactement et le mot sanscrit *karma*, "action", "œuvre", s'applique aux deux... On peut chasser un mercenaire mais non un serviteur héréditaire. Donc, pour récolter la tranquillité et un bon service, il faut user de tact et de bonnes manières. Le service héréditaire est tout à fait incompatible avec l'industrialisme actuel. C'est pourquoi il est peint sous des couleurs aussi sombres» (A. M. Hocart, *Les Castes*, 1938, p. 27, 28, 238). «Le facteur le plus puissant [dans cette illusion appelée progrès], cependant, fut le triomphe de Mammon dans la révolution industrielle, qui désorganisa l'Église, créa un nouveau féodalisme et fit une fois encore le fils de l'homme l'esclave, cette fois d'une machine et d'une loi faite à la machine. Rien n'illustre mieux cela que l'importance que le

XIXe siècle attacha à la ponctualité considérée comme une vertu, non en raison de la politesse à l'égard des autres, mais parce qu'on ne pouvait attendre d'un patron qu'il laissât sa machine inactive, en attendant l'homme – "le fils de l'homme". Il devint un rouage de la grande machine, tandis que pour l'industriel, le Saint Esprit, dont il reconnaissait la divinité, était la vapeur... Est-ce que l'Église, à travers toutes ses vicissitudes, est encore suffisamment dépositaire des enseignements de la gloire de notre Seigneur, pour pouvoir restituer son dû au "fils de l'homme" – pour siéger à la droite du pouvoir?» (F. W. Buckler, *The Epiphany of the Cross*, 1938, p. 64, 69.)

4. «Et si nos préjugés nationalistes inconscients ont ainsi empêché toute coopération philosophique d'importance dans cette région limitée [c'est-à-dire européenne], notre sentiment de supériorité occidental (qui apparemment prévaut autant chez les philosophes que chez les autres hommes) a entravé encore plus complètement toute véritable coopération entre les penseurs occidentaux et orientaux. Nous présupposons bien sûr que toutes les solutions valables à tous les problèmes réels ne peuvent être ou ne pourront être trouvées que dans la tradition occidentale.

«Ce contentement suffisant et pharisaïque est l'une des causes des guerres; il contribue aussi à d'autres effets. C'est la cause que les philosophes sont tenus de supprimer au premier chef. Ils ne pourront la faire disparaître qu'en acquérant un intérêt profond et tenace pour des perspectives philosophiques autres que la leur: celles de l'Amérique latine, de la Russie, de la Chine et de l'Inde. Cet intérêt se traduira par l'établissement de départements de philosophie avec des professeurs enseignant ces matières, par des voyages plus nombreux de la part des philosophes, aidés par la création de bourses universitaires internationales et d'échanges professoraux, et par une maîtrise plus générale des outils linguistiques nécessaires» (E. A. Burtt, dans *The Journal of Philosophy*, 42, 1945, p. 490).

---

* (p. 81) *Genèse*, 16. 12: «Sa main contre tous, la main de tous contre lui.» (N. d. T.).

* (p. 82) Tacite, *Vie d'Agricola*, 30: «*Ubi solitudinem faciunt, pacem appellant.*» (N. d. T.).

CHAPITRE VI
«PATERNITÉ SPIRITUELLE» ET «*PUPPET COMPLEX*»

«Celles-ci sont vraiment les idées de tous les hommes à toute époque et en tout pays, elles ne viennent pas de moi. Si elles ne sont pas autant vôtres que miennes, elles ne sont rien, ou presque rien.»

Walt WHITMAN

Cette étude a un but méthodologique; elle veut principalement suggérer que l'anthropologue a trop tendance à isoler les caractères distinctifs des «primitifs» – *Naturvölker* – et qu'il néglige ainsi la possibilité ou la probabilité que ces particularités ne soient pas d'origine locale, mais ne représentent que des survivances provinciales ou périphériques de théories détenues par certaines civilisations desquelles les peuples «primitifs» ont pu descendre.

Prenons pour premier exemple la croyance en une paternité spirituelle chez les peuples d'Australie et du Pacifique. Le sujet est si bien connu des anthropologues qu'il suffira de citer un article du Dr M. F. Ashley Montagu[1], qui note que «pratiquement partout en Australie... les rapports sexuels sont associés à la conception, *mais non comme une cause de la conception ou de la naissance*[2]... Plus exactement, l'on croit qu'un enfant-esprit est entré en elle... c'est la *doctrine* officielle de la conception spirituelle qui se dessine dans une large mesure dans leur pensée... les relations sexuelles servent à *préparer* la femme à l'entrée de l'enfant-esprit.» Plus loin, se référant aux données de Roheim, le professeur Montagu fait la remarque suivante: «Il semblerait probable qu'avant l'initiation à l'interprétation sociale de la nature des choses, l'indigène croie que les relations sexuelles sont en relation étroite avec la naissance; toutefois, quand il a été initié aux *enseignements traditionnels*, il découvre que son savoir élémentaire d'autrefois était incomplet, et il substitue graduellement à une forte croyance en la reproduction matérielle, une autre, en faveur d'une reproduction spirituelle.»

Remarquons dans ces citations les mots «associés à... mais non comme une cause», «doctrine officielle» et «enseignements traditionnels». Avant d'aller plus loin, il faudrait noter qu'être capable de distinguer un «*post hoc*» d'un «*propter hoc*» (une concomitance d'une cause) est la marque d'un développement intellectuel assez considérable. Ce n'est pas en tout cas la seule preuve que l'on ait de l'«intellectualité» des aborigènes d'Australie. Mais pourquoi attribuer à ce peuple plutôt qu'à d'autres le fait d'avoir inventé, à un moment donné, sa «doctrine officielle»? Ou devrait-on chercher l'explication d'un phénomène tel que l'universalité du motif des Symplégades dans l'idée d'un «dénominateur commun»? De la même façon, on pourrait aussi bien expliquer la parenté des formes verbales à l'intérieur des langues d'une même famille qu'essayer d'expliquer la distribution des idées similaires!

Dans le Pacifique, l'idée de la conception spirituelle n'a rien d'un phénomène isolé. Dans la littérature canonique bouddhiste, par exemple, il est explicitement déclaré que trois conditions sont nécessaires à la conception: l'union du père et de la mère, la période de fécondité de la mère, et *la présence du Gandharva*[3] – l'Éros divin et solaire. Le *Gandharva* correspond ici à la Nature divine, que Philon d'Alexandrie appelle « la cause suprême, première et véritable » de la génération, alors que les parents sont purement et simplement des causes concomitantes[4]; il correspond aussi à la « Nature toujours productive » de Platon[5], et au « Père » de saint Paul, *ex quo omnis paternitas in coelis et terra nominatur*[6]. Il serait difficile de distinguer ces formulations de celles des aborigènes d'Australie, avec leur « doctrine officielle » initiatique, dans laquelle les rapports sexuels sont associés à la conception, mais non en tant que cause. Il serait également difficile de distinguer la doctrine australienne de celle d'Aristote selon laquelle « l'homme et le Soleil[7] engendrent l'homme »[8], ou de la désignation du Soleil[7] selon Dante : une lumière fertile, « père de toute vie mortelle », dont les rayons brillants permettent à chacun de dire *Subsisto*[9], « J'existe ». De même, ces formulations correspondent à ce qui est dit dans le *Śatapatha Brāhmaṇa*: c'est dans la mesure où il a reçu un « baiser » – ou le souffle – du Soleil[7] que chaque enfant des hommes peut dire « Je suis » *(asmi)* ou, d'après le commentateur, « acquiert un moi »[10]. Par ailleurs, la distinction que font les Australiens entre la seconde et la première cause de la conception, a un équivalent dans le *Jaiminīya Upaniṣad Brāhmaṇa*: « Quand le père (humain) l'émet ainsi en tant que semence dans la matrice, c'est en réalité le Soleil qui l'émet en tant que semence dans la matrice (...) et c'est pour cela qu'il est né : après cette semence, ce souffle. »[11] On ne peut, en réalité, distinguer celui « qui dépose la semence dans les plantes, dans les vaches, dans les juments et dans les femmes »[12], du « Soleil » de Dante, ou de l'« esprit fertile » des « primitifs ».

Pour être plus exact : « Ne dis pas : à partir de la semence, mais : à partir de ce qui est vivant (en elle) »[13]; c'est-à-dire « Celui qui est présent dans *(tiṣṭhan = instans)* la semence – mais que la semence ne connaît pas – et dont la semence est le corps (le véhicule) – est l'Immortel »[14]; « c'est ce Soi spirituel et prescient *(prajñātman,* le Soleil)[15] qui saisit et dresse la chair»[16]. Ce qui, en termes chrétiens, revient à dire: «La Lumière est la puissance engendrante.»[17] «Présent dans la semence», par exemple, a son équivalent chez saint Thomas d'Aquin: «La puissance de l'âme, qui est dans la semence par l'Esprit inclus en elle, façonne le corps»[18], et ainsi «la puissance de la génération appartient à Dieu»[19], et, comme le dit Schiller, *«Es ist der Geist der sich den Körper schaft»*[20].

De même, saint Bonaventure écrit: «Il ne peut y avoir de génération dans la matière produite et corruptible, conformément aux principes de reproduction, si ce n'est avec l'aide de la lumière des corps supracélestes qui se perpétue par la génération et la corruption, de même que par le Soleil, la Lune et les étoiles»[21]; et Djalāl-al-Dīn Rūmī: «Quand le temps vient pour l'embryon de recevoir l'esprit vital, le Soleil lui vient alors en aide: il le met en mouvement en le dotant immédiatement d'un esprit. Cet embryon ne recevait qu'une impression des autres étoiles, jusqu'à ce que le Soleil rayonnât sur lui. Par quelle voie devint-il relié au Soleil dans la matrice? Par la voie secrète qui est étrangère à notre perception sensible.»[22]

On pourrait citer encore plus de matériaux provenant d'autres sources, des Indiens d'Amérique, par exemple, dont les mythologies expriment la virginité par la «non-atteinte du Soleil». Mais il en a été dit assez pour montrer qu'il y a, ou qu'il y avait, un accord plus ou moins général sur le «*Spiritus est qui vivificat, caro non prodest quicquam*»[23]; et, même actuellement, beaucoup pourraient tenir compte du commandement: «Et ne donnez à personne sur la terre le nom de Père; car vous n'avez qu'un seul Père, Celui qui est dans les cieux.»[24] Il serait difficile de voir une distinction essentielle entre les paternités sociale et spirituelle, et la «doctrine officielle» des aborigènes d'Australie.

Il me semble que l'on ne peut prétendre avoir envisagé leurs «enseignements traditionnels» dans leur véritable perspective si l'on ignore leur universalité. En tout cas, aussi longtemps que leurs croyances seront considérées comme quelque chose d'étrange et de particulier, ou comme le produit d'une mentalité étrangère, la question: «Comment des types d'homme aussi nombreux et différents ont-ils pu penser de la même manière?» sera, de même, éludée. Et n'est-ce pas une question de l'intérêt le plus absorbant, et la plus essentiellement «anthropologique»? S'il est vrai, comme le dit Alfred Jeremias, que les différentes cultures humaines ne sont réellement que les dialectes d'un même langage spirituel[25], il convient alors, pour celui qui étudie l'homme, de se demander quand, et où, ce langage spirituel peut avoir pris naissance. En tout cas, il sera bien plus facile de comprendre la culture d'un autre peuple, de reconnaître son caractère humain, et de penser avec lui au lieu de penser sur lui ou pour lui, si seulement celui qui l'étudie se rend compte que sa «doctrine officielle» est la même que celles qui ont été longtemps admises et qui survivent, même maintenant, dans son propre entourage!

Un second exemple est celui du «complexe de la marionnette» *(«puppet complex»)*. Le Dr Margaret Mead emploie cette expression dans son exposé sur le caractère balinais: «La marionnette animée, la poupée qui danse sur une corde, les marionnettes en cuir mues par l'artiste, et finalement les petites danseuses en transe, qui elles-mêmes deviennent extrêmement souples et délicates lorsqu'elles dansent sur les indications du public, tout cela exprime cette idée homogène d'apprentissage involontaire dans lequel ce n'est pas la volonté de l'apprenti qui prévaut, mais les conditions environnantes et la manœuvre de l'instructeur.» Elle évoque ensuite «la conception d'un corps composé de parties séparées et indépendantes (...), l'idée que le corps, juste assemblé aux articulations, ressemble à une marionnette.»[26] L'on donne à entendre que ce sont des particularités spécifiquement balinaises. Bien que l'observation ne soit rattachée à aucun principe directeur, et ainsi incomplètement comprise, elle est excellente en elle-même: car il est rendu compte que la relaxation de la danseuse semblable à une marionnette est celle d'un élève obéissant qui serait guidé, non par sa propre volonté, mais par celle d'un maître. On ne peut que rappeler les mots du Christ: «Je ne fais rien de moi-même», et «Non pas ma volonté, mais la Vôtre.»[27] Boehme disait aussi: «Tu ne feras rien, sinon renoncer à ta propre volonté, c'est-à-dire à ce que tu appelles "moi" ou "toi-même". Ainsi ce qui chez toi est mauvais s'affaiblira, sera défaillant et prêt à mourir; puis tu réintégreras cette unique chose, de laquelle tu as pris ton origine.»[28] En fait, la danseuse ne «s'exprime» pas, car elle est une artiste complète, inspirée, *entheos*; son état est très exactement décrit comme une transe ou une extase. L'ensemble des actes est une traduction artistique du principe fondamental de la soumission.

En réalité, ce «complexe», cette «fantaisie», ou cette «notion» – termes qui sont employés avec trop de condescendance –, n'a rien de particulièrement balinais, mais, tout aussi typiquement indien que platonicien, il est presque certainement d'origine indienne à Bali, comme, en Europe, il dérive de Platon et d'Aristote. Il se rattache, en outre, à deux doctrines qu'il implique, celle de *Līlā*[29] et celle du *Sūtrātman*[30], et au symbolisme traditionnel du théâtre[31]. Platon voit dans les marionnettes *(thaumata)* et dans leurs gestes automatiques un exemple typique du merveilleux *(to thaumazein,)* qui est la source ou le commencement de la philosophie: c'est «en ce qui concerne le meilleur en nous que nous sommes réellement les jouets de Dieu», et que nous devons danser en conséquence, n'obéissant qu'au contrôle de cette unique corde par laquelle la marionnette est suspendue par le haut, et non aux tractions opposées et irrégulières par lesquelles les choses extérieures traînent chacun de long en large, selon ses préférences et ses antipathies[32]. Car, comme dit aussi Philon, «nos cinq sens», avec ensemble les pouvoirs de parole et de génération, «sont tirés, comme dans les spectacles de marionnettes, par les cercles du Directeur *(êgemonikos)*[33], ici se reposent, là se meuvent, chacun dans les attitudes et les gestes qui leur sont propres. »[34] Pour une marionnette, se tenir comme elle veut serait en fait contre nature ; les mouvements causés par les désirs personnels ne sont pas libres, mais gratuits et désordonnés. Or, le « Noûs ne se trompe jamais »[35], et « le Daimon me détourne toujours de ce que "je" veux faire, et jamais ne m'exhorte »[36] ; et la vérité du Noûs, contrairement à celle de l'homme Socrate, est irréfutable[37].

Le Dr Magaret Mead mentionne les articulations des marionnettes, et celles-ci doivent être en fait considérées comme les pignons d'un mécanisme dont les épingles sont des axes[38]. Mais, plus important dans le symbolisme de la marionnette, est le fil sur lequel ses parties sont tendues et sans lequel elle tomberait inanimée, ce qui se passe effectivement lorsque quelqu'un « rend l'âme » à l'heure du « dénouement ». L'« idée que le corps est comme une marionnette » ne dépend pas purement et simplement d'une ressemblance extérieure, mais plutôt de la relation avec le fil ou les fils directeurs que contrôle la main du marionnettiste, comme les guides tenues par le conducteur d'un véhicule. « Souviens-toi que celui qui tire le fil de cet Être caché en nous : c'est lui qui provoque notre parole, qui est notre parole, notre vie, c'est lui qui est l'Homme (...) quelque chose de plus divin que ces passions qui nous rendent littéralement semblables à des marionnettes, et rien d'autre ».[39]

Cette analogie est ainsi formulée dans le *Mahābhārata* : « Les gestes de l'homme sont dirigés par un autre, comme ceux d'une poupée en bois suspendue à un fil. »[40] C'est alors que l'on pose la question : « Connais-tu ce Fil par lequel ce monde et l'autre, et tous les êtres, sont rattachés, et ce Maître caché qui les contrôle de l'intérieur, de sorte qu'ils se meuvent comme une marionnette en s'acquittant de leurs fonctions respectives ? »[41] ; ou, pour poser la même question en d'autres termes : « Connais-tu Celui *"questi nei cor mortali è permotore"* ?[42], *"questi la terra in se stringe"* ? »[43] « De jolies pièces de bois nouvellement peintes, liées par des fils et des épingles... c'est à cela que ressemblent nos membres.»[44] «Qui fit cette poupée (en bois)? Où est son fabricant? D'où vient-elle? Comment périra-t-elle!»[45] Les réponses à ces questions ont été données depuis longtemps: «Le Soleil est le point d'attache auquel ces mondes sont liés... Il relie ces mondes à lui-même par un fil, le fil du Souffle *(Vāyu).*»[46] C'est ainsi que «tout cet univers est rattaché à Moi, comme des rangées de perles sur un fil»[47]; et: «En vérité, celui qui connaît ce fil, et le Maître caché qui de l'intérieur contrôle ce monde-ci et l'autre et tous les êtres, il connaît Brahma, il connaît les dieux, les Vêdas, l'Être, le Soi et toute chose.»[48] C'est *cela* l'arrière-plan du *«puppet-complex»* des Balinais, sans lequel on ne peut dire avoir expliqué son «caractère», si scrupuleusement qu'il ait pu être observé[49].

Les marionnettes semblent se mouvoir d'elles-mêmes, mais elles sont, en réalité, actionnées et contrôlées de l'intérieur par le fil auquel elles sont suspendues par le haut, et elles ne bougent intelligemment qu'en obéissant à cette laisse: et c'est par cet automatisme, ou cette apparence de libre volonté et de mouvement autonome, que la marionnette ressemble le plus à l'homme. Les marionnettes sont des «automates», oui; mais en fait, pas plus que tout autre machine incapable de se mouvoir sans une puissance placée en elle, ou continuellement transmise en elle par un principe intelligible distinct d'une ou de toutes ses parties mobiles[50]. Si elles pouvaient aussi parler le langage de la philosophie traditionnelle, elles diraient: «Ce n'est pas mon moi, celui de ces parties en bois, mais un Moi autre, le Soi de toutes les marionnettes, qui me fait agir; et si je semble me déplacer de ma propre volonté, ce n'est vrai que dans la mesure où je me suis identifiée, avec mon être et ma volonté, au Marionnettiste[51] qui me créa et me fait agir.» Les automates construits par les hommes sont imités des créations des artisans mythiques *(dêmiourgoi),* comme Maya, Héphaïstos, Dédale, Regin; et si l'on sait ce qu'ils représentent, il doit toujours s'imposer à l'esprit comme une certitude que cet «automatisme », qui, de nos jours, implique tout simplement un réflexe involontaire, avait, à l'origine, une signification exactement opposée, celle « d'agir de sa propre volonté » ou celle de « se mouvoir par soi-même »[52]. Les « portes automatiques » de *Janua Coeli*[53], les Symplégades en général, et leurs portiers « automatiques », seront mal interprétés si l'on ne devine pas qu'ils sont « vivants » – animation qui est explicitement, dans l'iconographie de la porte du Soleil, par la représentation de portes ailées sur les sceaux babyloniens.

Nous sommes maintenant en mesure de comprendre le mythe transparent de la Cité des Automates en Bois du *Kathā Sarit Sāgara*[54]. Là, le héros, Naravāhanadatta – litt. « Théodore » –, découvre une cité merveilleuse *(āścaryam puram)* dans laquelle l'ensemble des citoyens *(paurajanam)* est composé de machines en bois ou automates *(kāṣṭha-maya-yantram,* qui se conduisent tous comme s'ils étaient vivants *(ceṣṭamānaṁ sajīvavat)*[55], bien que leur manque de parole indique qu'ils sont sans vie ; et ceci provoque son étonnement *(vismayan = thauma)*[56]. Il pénètre dans le palais et voit un homme avenant *(bhavyam*[57] *puruṣam)* placé sur un trône et entouré d'hommes armés et de gardiennes ; en ce lieu, seul cet homme est conscient *(ekakaṁ cetanam)*[58], et cause le mouvement du peuple insensible, « exactement comme l'Esprit guide les pouvoirs de perception et d'action », *indriyāṇām ivātmānam adhiṣṭhātṛtayā sthitam*[59]. Répondant aux questions, le Roi explique que lui, *Rājyadhara* – le pouvoir royal –, est l'un des deux fils du Roi *Bāhubala* – « *Bras-fort* » – et que son frère *Prāṇadhara* – le pouvoir pneumatique –, ayant volé le trésor de son père et joué sa fortune, ils ont fui tous les deux. « Nous sommes tous deux menuisiers »[51], « experts dans la fabrication d'objets ingénieux en bois et autres automates – ou machines – comme ceux produits par Maya », *takṣaṇau... māyā-praṇīteva darvādi-maya-yantra-vicakṣaṇau*[60]. Rājyadhara continue en disant : « J'ai finalement découvert cette cité vide *(śūnyam puram)* et je suis entré dans le palais. Là, au cœur du palais, il est nourri par d'invisibles mains: et «tous ces automates *(yantra)* ne sont pas seulement le produit de mon imagination, car je les ai créés. C'est par la volonté de la Providence que moi, simple menuisier, je suis venu ici et que je goûte le jeu du roi, comme un Dieu, seul avec moi-même», *ihāgatya takṣāpi devaikāki karomy ahaṁ rājño līlāyitam*[61].

Nul ne doutera, si la psychologie indienne ou grecque lui est vraiment familière, que la Cité des Automates en Bois soit, dans l'ordre macroscopique, l'homme – l'homme dont la «personnalité», *puru-ṣa*, est ainsi nommée par le fait qu'il est *cit*-oyen dans chaque «corps» *pol*-itique[62]. Le «palais doré» est le «cœur» de la «Cité dorée», le centre à partir duquel sont dirigées toutes ses opérations. Pour Rājyadhara, ses serviteurs – les pouvoirs psychiques de perception et d'action – apportent, comme les sujets des rois terrestres, toute sorte de nourriture dont se nourrit l'Esprit lorsqu'il vient ainsi manger et boire[63]. Que sa nourriture de toute sorte soit ainsi servie par d'invisibles mains, et qu'il repeuple une Cité Vide *(śūnyam puram)*, est un souvenir qu'en réalité il est le «Riche Roi» d'un «Château du Graal». En tant que «seul être conscient» dans la Cité des Automates en Bois, Rājyadhara correspond au «Seul Penseur, ton Soi, le Maître caché, immortel» des Upaniṣads[64]. Le «vol» originel dont il est fait mention est celui des sources de la vie, le rapt du Soma des Indiens et le vol du feu commis par le Prométhée des Grecs; ce n'est que par un tel «vol» que le monde a pu recevoir la vie, mais il entraîne nécessairement la séparation, ou l'exil, des principes immanents de leur source transcendante. Rājyadhara parle justement de lui-même comme d'un Dieu.

Si l'on pouvait douter que ce fût le sens réel de l'histoire de la Cité Dorée *(hemapura)*, ou que cela pourrait être évident pour presque tout auditeur indien, ce doute peut être dissipé, non seulement par une réflexion sur les rédactions parallèles des passages scripturaux déjà cités, mais aussi par la comparaison avec le *Tripurā Rahasya*[65], où il est encore question d'une « cité » et de ses citoyens. Il y est dit que le Voyageur ou l'Acteur *(pracāra)*[66], bien que seul, « se multiplie, se manifeste comme cité avec ses citoyens et les imprègne tous, les protège et les maintient », et que « sans lui, ils seraient tous dispersés et perdus comme des perles sans la chaîne du collier »[67] ; il est parfaitement clair que, comme le texte l'explique ensuite, le Voyageur est le Souffle ou la Vie – *prāṇa* – et la cité, le corps, dont les parties sont reliées à Lui.

Toutes ces formulations, en outre, éclaircissent les sens du terme *sūtra-dhāra* : metteur en scène, menuisier ou architecte ; car ils sont un seul et même *in divinis*, et pour le jeu de marionnettes, ils peuvent être un seul et même homme. L'on n'a pas à supposer, avec Pischel[68], que le théâtre indien provient d'un jeu de marionnettes d'origine inconnue et, d'autre part, que le *sūtra-dhāra* est un « menuisier » simplement parce qu'il porte un cordeau sur lui. Les origines du théâtre et de l'architecture sont mythiques, et les deux sont également des « imitations » d'archétypes divins[69]. C'est parce que le Créateur universel, *Viśvakarmā* – tout comme l'Artiste qui fabrique ses « jouets », comme les appelle Platon, ou comme le Conducteur qui les dirige – est « Celui qui tient tous les fils » *(viśva-sūtra-dhṛk)*[70], que l'artiste humain et le metteur en scène sont, à la ressemblance et à l'image de Dieu, également des « teneurs de fils »[71].

Il en a été dit assez pour montrer que la doctrine de la « paternité spirituelle » n'est pas particulière aux îles du Pacifique et à l'Australie, et que ce qui est appelé *« puppet-complex »* n'est pas spécifiquement balinais ; assez aussi pour montrer que la « doctrine officielle » australienne est plus une formulation intellectuelle qu'une preuve d'ignorance[72], et que l'expression « complexe », qui suppose une psychose, est tout à fait inappropriée pour désigner ce qui est, en réalité, une théorie métaphysique. De telles formulations ne pourront être évaluées correctement, ou envisagées dans leur perspective véritable, tant qu'elles seront étudiées en tant que phénomènes purement locaux et expliquées dans un sens évolutionniste ou psychologiste, d'après l'environnement dans lequel elles ont été observées. Elles ne pourront l'être que si elles sont reliées à l'ensemble de l'horizon spirituel et culturel dans lequel elles s'intègrent naturellement, et dont elles ne peuvent être que des « superstitions » secondaires, dans le sens strictement étymologique de ce terme excellent en lui-même, mais dont on a trop abusé[73]. Celui qui étudie les « croyances primitives » et le « folklore » doit être, s'il ne veut pas trahir sa vocation, moins un psychologue, dans le sens courant du terme, qu'un théologien et un métaphysicien accompli.

Ces considérations générales sont également de la plus haute importance si l'on veut que l'anthropologie aboutisse à quelque chose de plus qu'à la satisfaction de notre curiosité. C'est-à-dire qu'elle profite aux hommes en leur permettant de se comprendre, et même de penser avec les autres, plutôt que de les considérer comme des étrangers. Marsile Ficin, Maître Eckhart, William Law et Hāfīz, par exemple, pensent de la même façon quand ils emploient le symbole du hameçon avec lequel le Roi Pêcheur pêche sa proie humaine[74]; le Celte pense *avec* le Bouddhiste quand il déclare : « Celui qui veut être Chef, celui-là doit être le Pont »[75]. L'Australien pense exactement comme le Christ lorsque, initié, il déclare que « nul homme n'est père sur terre ». Et d'après ce que nous avons indiqué précédemment, il y a aussi une analogie entre l'observation de Margaret Mead : « souple et délicat », l'expression de Jacob Boehme : « faible, défaillant et prêt à mourir », et le fait que « toute Écriture revendique avec insistance la libération de soi-même ». C'est parce qu'ils adoptent ce point de vue, qui répugne tant à la mentalité moderne, que les membres des sociétés traditionnelles et « entières » ne semblent pas encore distingués de leur environnement. Et l'ironie de la situation est que les prolétaires d'aujourd'hui, pour lesquels les notions d'individualité et d'expression de soi-même sont si importantes, sont eux-mêmes, de tous les peuples, le moins individualisé et le plus semblable au troupeau[76].

Une civilisation telle que la balinaise est si totalement façonnée et pénétrée par l'héritage de sa « doctrine officielle » qu'un comportement « correct » ou « orthodoxe », dans une situation donnée, est devenu une seconde nature : il n'est plus nécessaire de se rappeler les règles du jeu, car l'habitude de l'art de vivre est maintenant prise[77]. En renonçant à sa propre volonté, c'est-à-dire à ce que tu appelles « moi » ou « toi-même », la danseuse balinaise, dans son ravissement extatique, n'est pas un produit de quelque « complexe » spécifiquement balinais, mais une manifestation de la *Philosophia Perennis.*

D'après Platon, c'est en vertu de « ce qu'il y a de meilleur dans les êtres humains » qu'ils sont réellement les jouets de Dieu. Et cette idée que « leur » vie est en réalité un amusement divin, dans lequel leur part n'est libre et active que dans la mesure où leur volonté se fond avec celle de Qui joue le jeu, est l'un des plus profonds discernements de l'homme.

Comme le déclare Djalāl-al-Dīn Rūmī : « Qui n'a cédé sa volonté, n'a pas de volonté ». Angelus Silesius dit de même :

Dieses Alles ist ein Spiel, das Ihr der Gottheit macht :
Sie hat die Kreatur um ihretwillen gedacht[78].

Quiconque accepte ce point de vue sentira qu'il doit agir en conséquence ; et, comme l'impliquent les expressions « marcher avec Dieu », *theô xunopadein* (Platon) et le sanskrit *brahmacarya,* c'est, pour la marionnette, la Voie véritable. L'autre terme de l'alternative est une soumission passive aux tractions des passions maîtresses, ainsi nommées à bon droit lorsqu'elles deviennent les éléments qui déterminent la conduite[79]. « Devoir » est exprimé en grec par *dei,* de *deô,* lier, de la racine *desmos,* c'est-à-dire le « lien » par lequel, comme l'écrit Plutarque, Apollon lie *(sundei)* toutes les choses à lui-même et les ordonne[80]. Ce lien est précisément le « fil d'or » platonicien par lequel la marionnette doit être guidée, si elle joue son rôle, évitant les mouvements discordants qui sont provoqués par ses propres désirs ; et la « bride » avec laquelle les coursiers impétueux doivent être contrôlés pour ne pas qu'ils s'égarent. C'est le fil auquel on doit se tenir fermement, si l'on veut jouer le jeu intelligemment et spontanément, ou « automatiquement ».

Le *Tripurā Rahasya*[81] esquisse un état idéal, c'est-à-dire une Utopie typiquement indienne, mais très proche, en même temps, de la République de Platon. Le Prince, instruit par sa femme, est devenu un homme libre *(jīvan-mukta)*, délivré en cette vie, ici et maintenant, de tous les « nœuds du cœur » et surtout du plus puissant, celui de « l'identification de la Chair avec le Soi, laquelle donne naissance au flux incessant de la joie et de la peine » ; et, étant délivré, il accomplit ses devoirs royaux avec efficacité, mais sans y réfléchir et « pareil à l'acteur sur la scène » *(naṭavad raṅga-maṇḍale)*. En suivant son exemple et son enseignement, tous les citoyens obtiennent une délivrance semblable, et ne sont plus entraînés par leurs passions, tout en les gardant. Les conséquences ne sont nullement « anti-sociales » ; les occupations de ce monde sont, au contraire, toujours poursuivies, dans cet état idéal où les citoyens continuent à jouer leur rôle, par la force de l'habitude, mais maintenant « sans penser à la bonne ou mauvaise fortune du passé, ni compter sur des joies ou des peines futures[82] ; dans leur vie quotidienne, ils rient, se réjouissent, ils sont las ou fâchés, comme des hommes enivrés ou indifférents à leurs propres affaires[83]. C'est pourquoi Sanaka et d'autres sages qui la visitent l'appellent la "Cité de la Sagesse resplendissante" ».

Aussi, dans cette idéale Cité de Dieu, c'est l'acteur représentant la norme de conduite qui illustre spécialement notre contexte. Ici, « le monde entier est une scène », sans qu'il y ait une distinction entre l'acte en tant que conduite et l'acte en tant qu'art dramatique, et chacun joue toujours le rôle qu'il « doit » jouer, s'il faut que la cité prospère[84]. L'acteur véritable, ensuite, que ce soit dans la vie ou dans sa profession, « agit sans agir », dans le sens de la *Bhagavad-Gītā* et de la doctrine taoïste du *wei wou wei*. Il ne s'identifie pas avec la partie, et n'est pas affecté *(na lipyate)* par ce qu'il fait sur scène ; son rôle, au regard des hommes, peut être celui de n'importe quel saint ou pécheur, mais, comme Dieu, il reste lui-même et n'est pas troublé par la pensée : « Ainsi j'ai bien fait » ou « Ainsi j'ai mal fait »[85], car il est au-dessus de la bataille[86].

Ainsi, la danseuse balinaise, qui ne donne pas une « expression d'elle-même », mais joue son rôle de façon impersonnelle, n'est en aucune façon la victime d'un « complexe », elle est au contraire une actrice parfaite : et les membres de n'importe quelle société, qui tous ont leur rôle à jouer, mais qui, pour la plupart, veulent être des « stars », pourraient apprendre d'elle, s'ils le voulaient, quelle est la différence entre le jeu et le simple comportement, entre la spontanéité et une trop grande liberté. Il ne suffit pas d'avoir « observé », même attentivement : c'est seulement lorsque l'anthropologue a compris profondément ce qu'il a vu, lorsqu'il a réellement assimilé les idées démontrées par le spectacle, que celui-ci peut devenir pour lui une expérience sérieuse[87].

---

1. M. F. Ashley Montagu, « Nescience, Science and Psycho-Analysis », dans *Psychiatry*, 1941, 4, 45-60. On trouvera dans cet article les références à la littérature.

2. Les mots mis en italique le sont dans le texte. Ceux des deux citations suivantes le sont par moi.

3. *Majjhima Nikāya*, I, 265-266. Les Gandharvas et les Apsaras dirigent respectivement la procréation et la stérilité – *Pañcaviṁśa Brāhmaṇa*, IX, 3, 1.

4. Philon d'Alexandrie, *Quis rerum divinarum heres*, 115.

5. Platon, *Lois*, 773 e.

6. *Épître aux Éphésiens*, III, 15.

7. Dans tous ces contextes où le « Soleil » est écrit avec une majuscule, il est évidemment question du « Soleil intérieur », différent du « soleil extérieur, lequel reçoit sa puissance et son éclat de l'intérieur » (Jacob Boehme, *Signatura rerum*, XI, 75), et du « Soleil des Anges », différent du « soleil sensible » (Dante, *Paradis*, III, 12, 7 ; comparer avec *Le Banquet*, III, 12, 6-7). Ce « Soleil du soleil » (Philon d'Alexandrie, *De specialibus legibus*, I, 279 ; comparer avec *De cherubim*, 97 – Apollon est distingué d'Hélios ; Platon, *Lois*, 898 d ; Plutarque, *Moralia*, 393 d, 400 c, d) n'est pas « le soleil que voient tous les hommes »,

mais «le Soleil que certains connaissent par l'esprit» *(Atharva-Vêda,* X, 8, 14) et «dont le corps est le soleil» *(Bṛhadāraṇyaka Upaniṣad,* III, 7-9). La distinction traditionnelle entre les «soleils» intelligible et sensible, invisible et visible, est essentielle pour toute compréhension correcte des «mythologies solaires» et des «cultes solaires».

8. Aristote, *Physique,* II,2.

9. Dante, *Paradis,* XXII, 116 et XXIX, 15.

10. *Śatapatha Brāhmaṇa,* VII, 3, 2, 12. Voir Ananda K. Coomaraswamy, «Sunkiss», *Journal of the American Oriental Society,* 1940, et «Primitive Mentality», *Quaterly Journal of the Mythological Society,* 1940. Le «Baiser du Soleil» correspond à «la caresse du souffle de Zeus», Eschyle, *Les Suppliants,* 344-345. [«De la mentalité primitive» est paru dans les *Études Traditionnelles* en 1939 (n° août-sept.-oct.) et «Le Baiser du Soleil» en 1946 (n^os^ août et septembre)].

11. *Jaiminīya Upaniṣad Brāhmaṇa,* III, 10, 4. Comparer avec *Pañcaviṁśa Brāhmaṇa,* XVI, 14, 5.

12. *Rig-Vêda,* VII, 102, 2. Il est presque inutile de dire ou de chercher à démontrer que les symbolismes solaires chrétien et païen sont équivalents. L'on peut cependant citer l'*Hymne matutinal* de saint Ambroise:

> *Soleil véritable, pénètre en nous,*
> *Toi qui brilles d'un éclat perpétuel;*
> *Et toi, Lumière du Souffle divin,*
> *Répands-toi dans nos sens*

qui est un équivalent presque littéral de la Gayatri védique: *Rig-Vêda,* III, 62, 10.

13. *Bṛhadāraṇyaka Upaniṣad,* III, 9, 2, 8.

14. *Ibid.,* III, 7, 23.

15. Cette analogie est explicite dans *Aitareya Āraṇyaka,* III, 2, 3, et Keith fait également observer que c'est la «doctrine la plus courante dans les Upaniṣad». Le «Soleil» en question est le Soleil du *Rig-Vêda,* I, 115, 1, «le Soi *(ātman)* de tout ce qui est noble et immobile».

16. *Kauṣītaki Upaniṣad,* III, 3.

17. *Taittirīya Saṁhitā,* VII, 1, 1, 1; *Śatapatha Brāhmaṇa,* VIII, 7, 1, 16. Voir Saint Jean, I, 4: «La Vie était la Lumière.» Du même point de vue: «La première des substances est la lumière... Il n'est de lumière dans le monde que ce qui participe du divin.» Witelo, *Liber de intelligentiis,* VI, VII.

18. *Somme théologique,* III, 32, 11.

19. *Ibid.,* I, 45, 5.

20. «C'est l'Esprit qui se donne le corps», *Wallenstein,* III, 13.

21. Saint Bonaventure, *De reductione artium ad theologiam,* 21; voir Philon d'Alexandrie, *Quis rerum divinarum heres,* 115: «Les parents ne sont-ils pas, en quelque sorte, des causes concomitantes, tandis que la Nature (divine) est la cause suprême, première et véritable, de l'obtention des enfants?» J'ajoute «divine» seulement pour rappeler au lecteur que la «Nature» de Philon n'est pas le monde visible et objectif, mais cet aspect de la puissance divine par laquelle Il crée, l'*aieigenês phusis* de Platon, la «Nature éternelle» dont nous reconnaissons la réalité en obtenant des descendants (voir *Lois,* 773 e).

Il revient au même de dire que «le Souffle est la puissance procréatrice» et que «l'homme est produit par le Souffle» (*Pañcaviṁśa Brāhmaṇa,* XVI, 14, 5), puisque le Souffle *(prāṇaḥ)* est habituellement identifié au Soleil, le pneumatique au principe lumineux.

22. Djalāl-al-Dīn Rūmī, *Mathnawī,* 3775-3779.

23. «C'est l'Esprit qui vivifie, la chair ne sert de rien» (Saint Jean, VI, 63).

24. Saint Matthieu, XXIII, 9.

25. Alfred Jeremias, *Handbuch der Altorientalischen Geisteskultur*, Berlin, 1929.

26. Gregory Bateson et Margaret Mead, *Balinese Character: A photographic Analysis*. New York, 1942, p. 17 et 91.

27. Saint Jean, VIII, 28; Saint Marc, XIV, 36.

28. Jacob Boehme, *Signatura rerum*: «Dialogue entre deux âmes».

29. Ananda K. Coomaraswamy, *«Līlā»*, *JAOS*, 1941 et «Play and Seriousness», *Journal of Philosophy*, 1942.

30. Ananda K. Coomaraswamy, «Primitive Mentality»; «Symbolism», *Dictionary of World Litterature*; «The Iconography of Dürer's "Knots" and Leonardo's "Concatenation"», *Art Quaterly*, 1944. Voir aussi Śaṅkarācārya, *Śataślokī*, 12 et 55: l'homme est une perle attachée au fil du Soi, et de même que les marionnettes en bois sont manœuvrées par des fils, de même le monde est dirigé par ce Fil spirituel.

31. René Guénon, «Le Symbolisme du théâtre» *(Le Voile d'Isis*, 1932). [Article repris dans *Aperçus sur l'initiation*, ch. XXVIII.]

32. Platon, *Théétète*, 155 d et *Lois*, 644-645 et 803-804.

33. *Dux*, Duc, Meneur, Guide, le Conducteur solaire; *netṛ* du *Rig-Vêda*, V, 50, 1, et le «Soi du soi, l'immortel Conducteur», *ātmanó tmā netāmṛtaḥ*, de la *Maitri Upaniṣad*, VI, 7.

34. Philon d'Alexandrie, *De opificio mundi*, 117.

35. Aristote, *De anima*, III, 10, 433 a.

36. Platon, *Apologie de Socrate*, 31 d, et *Phèdre*, 242 c.

37. Platon, *Banquet*, 201 c.

38. La fonction des épingles n'est pas tant de tenir ensemble les articulations que de permettre aux membres de se mouvoir librement. Les chevilles *(gumnos*, Platon, *Timée*, 43 a) – sur lesquelles les articulations *(arthra)* se meuvent, et comparables aux gonds *(gomphoï)* des portes (Parménide cité par Sextus Empiricus, *Adversus dogmatos*, III) – sont employées, il est vrai; celles-ci sont appelées aussi pivots *(strophinges)*, mais les membres sont liés entre eux par les tendons *(neura)* qui se tendent et se détendent autour des pivots, et meuvent ainsi les parties du corps comme si elles étaient sur des gonds (*Timée*, 74 b). Ces tendons sont les contreparties physiques des «liens vitaux» psychiques (*ibid.*, 73 b) qui sont dissous à la mort (*ibid.*, 81 e); voir Philon d'Alexandrie, *Quis rerum divinarum heres*, 242; *Bṛhadāraṇyaka Upaniṣad*, 3, VII, 2; *Maitri Upaniṣad*, I, 4. C'est par le «fil» que les parties sont réellement coordonnées et mues: comme, dans l'homme, «c'est par le Souffle que les articulations sont réunies», *prāṇena sarvāṇi parvāṇi saṃdadhāti*, le Souffle vital appelé «Fil spirituel», *sūtrātman*, «qui maintient ce monde» *(Aitareya Āraṇyaka*, I, 4, 2 et 3). Voir note 30.

39. Marc Aurèle, X, 38, et XI, 19; voir II,2; III, 16; VI, 16; VII, 3 et 29.

Le symbolisme de la marionnette se rattache étroitement, en Inde, chez Platon et les Néo-Platoniciens, et dans les doctrines plus tardives, au symbolisme du char, dans lequel l'attelage est constitué par les sens qui cherchent leur pâture, et doivent être retenus et guidés par le conducteur conscient, la Raison, qui seule connaît le Chemin ou la «Voie royale».

40. *Mahābhārata*, Udyoga Parvan, 32,12.

41. *Bṛhadāraṇyaka Upaniṣad*, III, 7, 1, voir 4, 1, avec le commentaire de Shankara.

42. Dante, *Paradis*, 1, 116. «Celui qui est le moteur intérieur du cœur mortel» correspond au Conducteur qui est à l'intérieur de notre cœur de la *Maitri Upaniṣad*, II, 6, *asmād – dhṛd-antarāt pracodayitṛ*.

43. «Celui qui maintient la terre», *Paradis*, I, 117.

44. *Therīgāthā*, 390, 391.

45. *Saṁyutta Nikāya*, I, 134.

46. *Śatapatha Brāhmaṇa*, VI, 7, 1, 17 et VII, 7, 3, 10.

47. *Bhagavad Gītā*, VII, 7; comparer avec *Tripurā Rahasya*, Jñāna Khaṇḍa, V, 119-124 (voir note 65).

48. *Bṛhadāraṇyaka Upaniṣad*, III, 7, 1.

49. Dans un article sur un autre ouvrage du Dr Margaret Mead, *The American Character*, l'auteur fait justement remarquer «le danger des raisonnements imbus de psychologie, ou même de biologie, appliqués à des questions qui devraient être traitées métaphysiquement» *(New English Weekly*, 1944). Les explications «psychologiques» elles-mêmes sont inadéquates si l'on dédaigne la psychologie traditionnelle, celle de Philon ou de la *Bhagavad Gītā*, par exemple. L'on soutient, dans la psychologie traditionnelle, qu'il ne peut y avoir de plus grande erreur ou source de maux que de s'imaginer: «*Je* suis celui qui fait.» Pour celui qui accepte ce point de vue, la façon d'agir de la danseuse balinaise est simplement *normale*, et *anormale* celle de l'«artiste» moderne qui n'exprime que lui-même.

50. Par exemple, lorsque La Mettrie dit: «Le corps humain est une machine qui remonte ses propres ressorts», il «explique» un phénomène par une autre chose, d'une sorte qui ne fut jamais sur terre ou sur mer, quelque chose d'aussi inconcevable que «le fils d'une femme stérile». Quand il continue en disant que «l'âme n'est qu'un principe de mouvement, ou une partie matérielle et sensible du cerveau», il propose deux théories entièrement différentes, la première étant de Platon, et la seconde se rapportant à son impensable «machine».

Pour savoir dans quelle mesure un homme peut être, à juste titre, comparé à une machine: Erwin Schrödinger, *What is Life?*, Macmillan, Cambridge, 1945.

51. Sanskrit: *sūtra-dhāra*, «celui qui tient le fil», et aussi «marionnettiste», metteur en scène» et «menuisier». Le fait que les marionnettes soient en bois a également un sens, le bois étant la «matière première» avec laquelle le monde fut construit – bois, en grec *hylê*, en sanskrit: *vana* – le constructeur est donc un «menuisier».

52. *Iliade*, II, 408; Hésiode, *Le Mariage de Céyx*, 2 et *Opus* 103, où le terme est utilisé pour des personnes ou des puissances personnifiées. Il est vrai qu'Aristote *(Physique*, II, 6) comprend l'«automate» comme étant «en lui-même sans volonté», et ainsi «accident» ou «hasard»; mais c'est incompatible avec les significations déjà données et avec l'emploi de *automaton* avec *phuô*, devenir – voir skr. *svaruḥ* – et d'après la plupart des érudits, le sens premier est celui de «agissant de sa propre volonté». La véritable analogie est avec le «mouvement autonome» *(to eauto kinein)*, le plus élevé des mouvements (Platon, *Phèdre*, 264 a, *Lois*, 895). Le problème tourne, comme toujours, autour de la question: Qu'est ou qui est le «soi» impliqué? – mortel extérieur ou immortel intérieur? – ce dernier étant le véritable directeur *(hêgemonikos)*.

53. *Iliade*, V, 409; comparer avec *Suparṇādhyāya*, XXV, 1, et les «Portes mouvantes» de la mythologie celtique.

54. *Kathā Sarit Sāgara*, VII, 9, 1-59.

55. *Ceṣṭamānam* correspond au *ceṣṭate* dans le *Mahābhārata*, voir note 40.

56. Un tel «émerveillement» étant le commencement de la philosophie: Platon, *Théétète*, 155 d, et Aristote, *Métaphysique*, 982 b.

57. *Bhavya*, participe futur de *bhū*, «devenir», prend le sens d'«avenant» de la même façon qu'en français, «convenable» prend le sens de «comme il faut».

58. Les formules se rattachent ici très étroitement à celles de la *Maitri Upaniṣad*, II, 6, et de la *Bhagavad Gītā*, XVIII, 61. Dans l'*Upaniṣad*, Prajāpati, «de l'intérieur du cœur», anime et met en mouvement sa progéniture, qui sinon serait sans vie, les mettant ainsi en

possession de la conscience *(cetanavat)*. Dans la *Gītā*, Śrī Krishna, parlant de lui-même, dit : « Par le moyen de Son art, le Seigneur, placé dans le cœur de tous les êtres, les fait tourner, portés par leur support » *(īśvaraḥ sarvabhūtānāṁ hṛddeśe... tiṣṭhati, bhrāmayan sarvabhūtāni yantrārūḍhāni, māyayā,* XVIII, 61).

59. Encore une affirmation de la psychologie traditionnelle qui est toujours à la base du *« puppet-complex »* et du symbolisme du char ; voir note 49.

60. Le Titan Maya, qui peut être comparé à Héphaïstos, Dédale, Wieland et Regin, est le grand Artiste dont la fille, Somaprabhā, expose différentes machines ou automates, et explique que ces poupées en bois, habiles et automatiques, ces astucieuses figures mécaniques *(kāṣṭhamayīh sva- māyā- yantra-putrikāḥ... māyā-yantrādi-śilpāni)* furent à l'origine « émanées » *(sṛṣṭāni)* de son ancêtre ; il y en a cinq sortes correspondant, comme « cette grande machine, le monde » (voir Marsile Ficin, *Le Banquet*, IV, 5 : *« machino del mondo »)*, aux cinq éléments, « mais seul l'Ancêtre, et nul autre, connaît la Roue qui garde l'Eau de Vie » *(Kathā Sarit Sāgara,* VI, 3).

61. Sur ce « jeu royal, voir la note 30 ; voir aussi Clément d'Alexandrie, *Le Pédagogue*, I, V, 22 : « Ô jeu plein de sagesse ! Le rire est aidé par la constance, tandis que le roi est spectateur ! (...). Et c'est là le jeu divin. « Tel est le propre jeu de Zeus », dit Héraclite. (...). Le roi, c'est le Christ qui d'en haut surveille notre rire et, « regardant par la fenêtre » *(Genèse,* XXVI, 8), « contemple l'action de grâce et la bénédiction ». Le « spectateur » de Clément d'Alexandrie correspond au *prekṣaka* de la *Maitri Upaniṣad,* II, 7.

« Car le *Nitya* et la *Līlā* sont deux aspects de la même réalité (...). L'Absolu joue de plusieurs façons : en tant qu'Ishvara, en tant que dieux, en tant qu'homme, en tant qu'univers. L'Incarnation est le jeu de l'Absolu en tant qu'homme. Le Dieu sans forme est vrai, le Dieu avec une forme l'est également » (*The Gospel of Śrī Rāmakrishna,* New York, 1942, p. 358-359).

62. Ceci explique l'étymologie de *puruṣa* telle qu'elle est donnée dans la *Bṛhadāraṇyaka Upaniṣad* (2, V, 18), et le rapport entre *śī* et *keisthai*. J'ai traité plus complètement de la conception indienne et grecque de l'homme comme Cité de Dieu – *brahmapura, Hieropolis, Civitas Dei* – dans « Civilization » *(Albert Schweitzer Jubilee Volume*, Cambridge, 1946).

63. « Cette Personne d'Or à l'intérieur du Soleil, qui contemple cette terre du haut de son siège d'or, est la même qui, située dans le lotus du cœur, consomme la nourriture », *Maitri Upaniṣad,* VI, 1 ; voir *Rig-Vêda,* X, 90, 2 : « Quand il se lève par la nourriture ». « En vérité, c'est ce grand Soi non-engendré qui discerne entre les puissances de l'âme. Dans l'éther du cœur repose le Dirigeant du Tout, le Seigneur du Tout, le Roi du Tout », *Bṛhadāraṇyaka Upaniṣad,* 4, IV, 22 ; voir *Chāndogya Upaniṣad,* 8, 1,1-6. « À cette Vie *(prāṇa)* – Brahma – toutes ces divinités portent tribut, sans qu'elle l'ait demandé », *Kauṣītaki Upaniṣad,* II, 1 ; voir *Atharva-Vêda,* X, 7, 39 et 8, 15. Dans tous ces contextes, comme pour Platon, la « nourriture » est tout aliment qui nourrit le pouvoir physique ou psychique, le corps ou l'esprit.

64. *Bṛhadāraṇyaka Upaniṣad,* 3, VII, 23 ; « Celui qui met le corps en possession de la conscience, et le meut », *Maitri Upaniṣad,* II, 5.

65. *Jñāna Khanda,* V, 119-124 ; le texte figure dans les *Sarasvati Bhavana Texts,* n° 15, 1925-1933.

66. En théologie, la « procession » est la sortie ou la manifestation du dieu en tant que Personne ou dans une Personne. Cette apparition sur la scène du monde est une « descente » – *avataraṇa* – strictement comparable à celle d'un acteur qui sort des coulisses pour apparaître déguisé. Le terme employé dans le texte, pour la procession de l'Esprit, est *prajñātman* ou *prāṇa*.

67. Comme dans la *Bhagavad-Gītā,* VII, 7 : voir note 30.

68. R. Pischel, *Die Heimat des Puppenspiels,* Halle, 1900.

69. «Les œuvres d'art humaines sont des imitations des prototypes divins.» *Aitareya Brāhmaṇa,* VI, 27.

70. Ce terme se rapporte à Vishnu en tant que créateur.

71. Comme l'a très bien dit le professeur A. B. Keith, «c'est vraiment ignorer la fonction de la religion dans la vie hindoue, que d'imaginer qu'il est possible de trouver les origines du drame dans le seul plaisir du divertissement» *(The Sanskrit Drama,* Oxford, 1924, p. 52).

72. Une foi aveugle dans le «progrès» fait trop facilement accuser les «races arriérées» d'ignorance ou de «mentalité pré-logique». «Lorsque nous ne comprenons pas un phénomène iconographique, nous sommes toujours tentés de dire que nous comprenons fort bien – mais que c'est l'indigène qui est maladroit ou n'a pas compris», C. Hentze, *Objets rituels, croyances et dieux de la Chine antique et de l'Amérique,* Anvers, 1936. «Le monde du merveilleux ne doit pas être considéré d'un point de vue étroitement scientifique», K. Th. Preuss, in Thurnwald, *Lehrbuch des Völkerkunde,* 1929, p. 127.

73. «Les communautés arriérées sont les bibliothèques orales des anciennes civilisations» (N. K. Chadwick, *Poetry and Prophecy,* 1942, XV). «Leurs croyances ont été préservées jusqu'à maintenant comme une relique des anciennes connaissances» (Aristote, *Métaphysique,* XII, 8, 10). «La mémoire collective conserve quelquefois certains détails précis d'une "théorie" devenue depuis longtemps inintelligible (...) des symboles archaïques d'essence purement métaphysique» (Mircea Eliade, «Les livres populaires dans la littérature roumaine», in *Zalmoxis,* II, 1941). Si les sources fondamentales des coutumes et des croyances sont celles d'une tradition métaphysique, l'anthropologue à la recherche d'explication et de compréhension doit être un familier de cette tradition.

74. «L'âme enflammée par la splendeur divine (...) est secrètement élevée par elle comme avec un hameçon, afin de devenir Dieu» (Marsile Ficin, *Opera Omnia,* p. 306); «Car l'amour est comme l'hameçon du pêcheur» (Maître Eckhart); «L'amour est mon appât (...) il accrochera son hameçon dans votre cœur» (William Law); «Il me regarda nager comme un poissson dans la mer jusqu'à ce qu'il me délivrât avec son hameçon» (Hāfīz). Tout ceci rappelle le «Je vous ferai devenir pêcheurs d'hommes» *(Saint Marc,* I, 17). Peu de doctrines et de symboles peuvent être étudiés convenablement sur la base de sources isolées dont elles semblent dépendre, si l'on ignore leur universalité.

75. Voir Doña Luisa Coomaraswamy, «The Perilous Bridge of Welfare», *Harvard Journal of Asiatic Studies,* 1944, 8, 196-213. Voir l'Imperator romain, qui était aussi *Pontifex Maximus.*

76. Pour la mentalité moderne, rien n'est évidemment plus gênant que la «négation du moi» *(«self-naughting»).* La liberté de choix est devenue une obsession, la liberté supérieure de spontanéité n'est plus comprise. Dans la philosophie traditionnelle, on souligne que les «individualités» sont inconstantes, changeant toujours et ne cessant de devenir; «nous» ne sommes pas des entités, mais des processus. Un attachement persistant à la «personnalité» est impossible pour quiconque a vu les choses «en devenir» – *yathābhūtam* – objectivement, comme des processus déterminés causalement. Le premier pas sur la voie qui libère de «la mère des illusions» pour mener à une «joie infinie», est de voir par une démonstration que «ceci (le corps et le mental) n'est pas mon Soi», qu'il n'y a rien au monde correspondant à cette «personnalité». Vivre dans le monde du temps et de l'espace est une condition de changement incessant; et, comme demande Platon, «comment ce qui n'a jamais le même état peut-il *être* quelque chose?» *(Cratyle,* 439 e). Le premier pas de la pensée logique est la distinction entre le *devenir* et l'*être.* L'important est de savoir ce que «nous» sommes réellement; mais c'est une connaissance qui ne peut être acquise que dans la mesure où «nous» ne sommes pas. C'est la *katharsis* platonicienne et le *śuddha karaṇa* sanskrit.

77. La danse occidentale contemporaine ressemble à une parade désordonnée; dans l'art traditionnel, qui survit ailleurs, «tous les gestes du danseur ont un sens, et la danse est

dite rationnelle parce qu'elle symbolise et manifeste habilement quelque chose qui surpasse le plaisir des sens», saint Augustin, *De ordine*, 34; voir Ananda K. Coomaraswamy et C. K. Duggirala, *Mirror of Gesture*, New York, 1936.

78. «Tout cela est un jeu que la Déité se donne:
Elle a imaginé la créature pour Son plaisir.»
(*Le Pèlerin chérubinique*, II, 198.)

79. Sur cette soumission passive, comparer *Chāndogya Upaniṣad*, 8, 1, 5, et Philon d'Alexandrie, *Quis rerum divinarum heres*, 186. La distinction impliquée est celle de la volonté et du désir: «L'esprit est bien disposé mais la chair est faible.» Faire comme on «veut» est l'antithèse de la volonté libre; l'homme libre aime beaucoup plus ce qu'il fait que faire ce qu'il aime.

80. Plutarque, *Moralia*, 393 f; voir note 30.

81. *Jñāna Khāṇḍa*, X, 43-62; voir note 65.

82. Autrement dit, «laisser les morts enterrer leurs morts» et «ne pas songer au lendemain»; vivre aussi près que possible de l'éternel présent.

83. La méthode de leur folie consiste à continuer de vivre normalement, sans mettre de contraintes rigoureuses à leurs sentiments et, comme l'ajoute un autre traducteur, «dissipant ainsi leurs tendances latentes». On peut rappeler les mots de Blake: «La suppression des désirs engendre la peste.»

84. Les personnes mentionnées comprennent les princes, les hommes, les femmes, jeunes et vieux, les chanteurs, les bouffons, les professeurs, les ministres, les artisans et les courtisanes.

85. *Bṛhadāraṇyaka Upaniṣad*, 4, IV, 22.

86. Il est dit expressément que le Prince regarde impartialement le gain et la perte, l'ami et l'ennemi; le principe est énoncé comme dans la *Bhagavad Gītā*: «Ton intérêt est dans l'action seule, non dans le résultat.» On se souvient, avec Walt Whitman, que «les batailles sont perdues dans le même esprit qu'elles sont gagnées», et que la vocation du soldat ne demande pas qu'il haïsse, mais qu'il se batte bien. Ceci est admirablement illustré par l'histoire bien connue de 'Alî qui, ayant engagé un combat singulier, était sur le point de vaincre, mais quand son adversaire cracha sur son visage, se retira, car il ne voulait pas se battre avec colère.

87. Sur la différence entre compréhension et analyse psychologique, voir W. M. Urban, *The Intelligible World*, 1929. La compréhension requiert la reconnaissance des valeurs communes. Car aussi longtemps que les hommes ne pourront pas penser avec les autres, ils ne les auront pas compris, mais seulement connus; et dans ce cas, c'est en grande partie l'ignorance de leur propre héritage intellectuel qui empêche la compréhension, et rend «étrange» une façon de penser étrangère. C'est particulièrement la fonction de l'anthropologie [conçue dans un esprit purement traditionnel] de rendre les hommes capables de se *comprendre*.

Chapitre VII
GRADATION, ÉVOLUTION ET RÉINCARNATION[1]

Les prétendus conflits entre la religion et la science sont, pour la plupart, la conséquence d'une confusion hiérarchique et sémantique. Hiérarchique, car l'une traite du pourquoi des choses, l'autre du comment, l'une des êtres intangibles, l'autre des choses qui peuvent être mesurées soit directement soit indirectement. À première vue, la notion d'une création achevée «au commencement» paraît en contradiction avec l'origine des espèces observées dans une succession temporelle. Mais *én archê, in principio, agrê* ne signifie pas seulement «au commencement» par rapport à une période de temps, mais aussi «en principe», c'est-à-dire dans une origine suprême antérieure, logiquement plutôt que temporellement, à toutes les causes secondes, et pas plus avant qu'après le commencement supposé de leur opération. Ainsi, comme dit Dante: «Dieu ne se mouvait sur la surface des eaux ni avant ni après»; et Philon: «En ce temps-là, en vérité, toutes les choses eurent lieu simultanément... mais une succession fut nécessairement introduite dans le récit en raison de la génération subséquente de l'une par l'autre»; et Boehme: «Ce fut un perpétuel commencement.»

Comme le dit Aristote: «Les êtres éternels ne sont pas dans le temps.» C'est pourquoi l'existence de Dieu est *maintenant* – le maintenant éternel qui sépare les durées passées des durées futures, mais qui n'est pas lui-même une durée, si brève soit-elle. C'est pourquoi, selon les paroles de Maître Eckhart : « Dieu créa le monde entier maintenant, en cet instant. » Mais, aussitôt que quelque temps s'est écoulé, aussi court soit-il, tout est changé ; *panta réi,* « vous ne pouvez tremper vos pieds deux fois dans les mêmes eaux ». Ainsi donc, comme pour Djalāl-al-Dīn Rūmī, « à chaque instant tu meurs et tu reviens ; Mohammed a dit que le monde n'est qu'un moment... À chaque moment le monde est renouvelé, la vie afflue sans cesse à nouveau, comme le torrent... Le commencement qui est pensée se termine en acte ; sache que c'est ainsi que se fit l'édification du monde dans l'éternité ».

En tout cela, il n'y a rien à quoi le savant de la nature puisse trouver à redire ; il peut certes répondre qu'il ne s'intéresse qu'à l'opération des causes médiates et non à la cause première ou au pourquoi de la vie ; mais ce n'est, tout au plus, qu'une définition du domaine qu'il s'est choisi. L'ego est le seul contenu du Soi qui puisse être connu objectivement et, pour cette raison, le seul qu'il consente à prendre en considération. Son unique affaire est le comportement.

L'observation empirique ne concerne que les choses qui changent ; de celles-ci, et tous les philosophes en conviennent, on ne peut pas dire qu'elles *sont,* mais seulement qu'elles deviennent ou évoluent. Le physiologiste, par exemple, explore le corps, et le psychologue l'âme ou l'individualité. Celui-ci sait parfaitement bien que la permanence des individus n'est qu'un postulat, commode et même nécessaire pour des fins pratiques, mais intellectuellement insoutenable ; et, sur ce point, il est tout à fait d'accord avec le bouddhiste qui, inlassablement, déclare avec insistance que le corps et l'âme – composés et changeants, et, par conséquent, entièrement mortels – « ne sont pas mon Soi », ne sont pas la Réalité qui doit être connue si nous voulons « devenir ce que nous sommes ». De même, saint Augustin indique que ceux qui ont vu que ces deux, corps et âme, sont impermanents, ont cherché ce qui est immuable et ainsi ont trouvé

Dieu – l'Unique dont les Upaniṣads disent que «tu es Cela». Aussi, la théologie, avec l'autologie, néglige tout ce qui est émotionnel pour ne prêter attention qu'à ce qui ne change pas – «Je vois de toutes parts changement et destruction, ô Toi qui ne changes pas.» Elle le trouve dans cet éternel *maintenant* qui toujours sépare le passé du futur et sans lequel ce couple de termes n'aurait pas le moindre sens, de même que l'espace n'a de sens que par rapport au point qui différencie ici de là. Moment sans durée, point sans extension, tel est le Juste Milieu, la Voie inconcevablement étroite conduisant hors du temps dans l'éternité, de la mort à l'immortalité.

Notre expérience de la «vie» est évolutionnaire: *Qu'est-ce qui évolue?* L'évolution est réincarnation, la mort de l'un et la renaissance d'un autre dans une continuité momentanée: *qui* se réincarne? La métaphysique rejette la proposition animiste de Descartes, *Cogito ergo sum*, pour dire *Cogito ergo EST*; et la question *Quid est*? est impropre, parce que son sujet n'est pas une chose parmi d'autres, mais la quiddité d'eux tous et de tout ce qu'ils ne sont pas. La réincarnation – telle qu'elle est couramment comprise comme signifiant le retour d'âmes individuelles en d'autres corps ici-bas, sur la Terre – n'est pas une doctrine indienne orthodoxe, mais seulement une croyance populaire. Comme le Dr B. C. Law le fait remarquer, «il va sans dire que le penseur bouddhiste rejette la notion du passage d'un ego d'un corps dans un autre». Nous sommes d'accord avec Śrī Śaṅkarācārya lorsqu'il dit: «En vérité, il n'y a pas d'autre transmigrant que le Seigneur», – celui qui est à la fois lui-même d'une manière transcendante et le Soi immanent de tous les êtres, mais qui ne devient jamais lui-même personne; à l'appui de ceci, on pourrait citer de nombreux textes des Vêdas et des Upaniṣads. Par conséquent, quand Krishna dit à Arjuna, et le Bouddha à ses Mendiants: «Long est le chemin que nous avons foulé, et nombreuses les naissances que vous et moi avons connues», ils ne font pas allusion à une pluralité d'essences, mais à l'Homme Commun qui est en chaque homme, et qui, dans la plupart d'entre eux, s'est oublié lui-même, mais qui, dans celui qui s'est réveillé, a atteint le terme du chemin et, en ayant fini avec tout devenir, n'est plus une individualité dans le temps, n'est plus personne, celui que l'on peut désigner par un nom propre.

Le Seigneur est le seul transmigrant. Cela est toi – l'Homme véritable en tout homme. Ainsi, comme dit Blake :

« L'homme scrute l'arbre, l'herbe, le poisson, la bête, rassemblant les portions éparses de son corps immortel...
Partout où l'herbe pousse, partout où bourgeonne une feuille,
l'Homme Éternel est vu, est entendu, est senti,
Et tous ses chagrins, jusqu'à ce qu'il recouvre son ancienne félicité. »

Et, de même, Māṇikka Vāçagar :

« J'ai été herbe, buisson, ver, arbre, maint animal, oiseau, serpent, pierre, homme et démon...
Né dans toutes les espèces, Seigneur Très Haut, en ce jour j'ai obtenu la délivrance. »

Et Ovide également :

« L'esprit vagabonde, va tantôt ici, tantôt là, et occupe n'importe quel cadre qui lui plaît. Des bêtes il passe dans des corps humains, et de nos corps dans les bêtes, mais jamais il ne périt. »

Taliesin :

« J'ai été dans maintes apparences avant que ne cesse l'enchantement, j'ai été le héros dans la tourmente, je suis vieux et je suis jeune. »

Djalāl-al-Dīn Rūmī :

« D'abord il vint du règne de l'inorganique, de longues années il vécut dans l'état végétal, il passa dans la condition animale, de là dans l'humanité ; d'où il dut faire encore une autre migration. »

L'*Aitareya Āraṇyaka*, de même :

« Celui qui connaît le Soi de plus en plus clairement est de plus en plus pleinement manifesté. En quelque plante, arbre ou animal que ce soit, il connaît le Soi de plus en plus pleinement manifesté. Car, dans les plantes et les arbres, on ne voit que la formation, mais dans les animaux, l'intelligence. En eux, le Soi devient de plus en plus évident. Dans l'homme, le Soi est encore de plus en plus évident ; car il est le mieux partagé par la Providence, il dit ce qu'il a appris, il voit ce qu'il a appris, il connaît le lendemain, il sait ce qui est séculier et ce qui ne l'est pas, et par ce qui est mortel recherche l'immortel. Mais, quant aux autres, les animaux, la faim et la soif sont le degré de leur discrimination. »

Ainsi, comme le dit Farīd-ud-Dīn 'Aṭṭār :

« Pèlerin, pèlerinage et Chemin n'étaient que Moi-même vers Moi-même. »

Telle est la doctrine traditionnelle, non pas de la « réincarnation » au sens populaire et animiste, mais de la transmigration et de l'évolution de la « Nature toujours productrice » ; elle ne contredit ni n'exclut en rien la réalité du processus d'évolution tel qu'il est envisagé par le naturaliste moderne. Bien au contraire, c'est précisément la conclusion à laquelle, par exemple, Erwin Schrödinger est arrivé par son enquête sur les facteurs de l'hérédité, dans son livre intitulé *Qu'est-ce que la vie ?* dont le chapitre final, sur le « Déterminisme et le libre arbitre », établit la « seule déduction possible » : que « moi, dans l'acception la plus large du mot – c'est-à-dire tout esprit conscient qui ait jamais dit ou senti "je" –, je suis la personne, entre toutes, qui contrôle "le mouvement des atomes" selon les Lois de la Nature... La Conscience est un singulier dont le pluriel est inconnu ».

Schrödinger n'ignore pas que telle est la position énoncée dans les Upaniṣads et, de la façon la plus concise, dans la formule : « Et Cela tu l'es... nul autre que Celui qui seul voit, entend, pense ou agit. »

J'ai cité cet auteur non pas parce que la vérité des doctrines traditionnelles puisse être prouvée par des méthodes de laboratoire, mais parce que sa position illustre si bien ce point essentiel, à savoir : qu'il n'y a pas de conflit inévitable entre la science et la religion, mais seulement la possibilité d'une confusion entre leurs domaines respectifs et que, pour l'homme total, en qui l'intégration de l'Ego avec le Soi a été réalisée, il n'y a pas entre le domaine de la science et celui de la religion de barrière infranchissable. Le même homme peut être à la fois un savant de la nature et un métaphysicien; dans ce cas, il n'est nullement nécessaire de trahir l'objectivité scientifique, d'une part, et les principes, d'autre part[2].

---

1. Ce texte est extrait de *Main Currents in Modern Thought*, été 1946, et de *Blackfriars*, novembre 1946. Dans *Blackfriars*, Bernard Kelly a fait précéder l'article de l'introduction suivante:

«L'essai du Dr Coomaraswamy que l'on va lire est offert aux lecteurs de *Blackfriars* en raison de l'intérêt considérable qu'il attache à une manière nouvelle d'aborder le problème bien connu des relations entre la science et la religion.

«Pour saisir au mieux la quintessence métaphysique de l'essai, il convient peut-être de s'arrêter au paragraphe brillant sur le *Cogito* de Descartes. Ici, le caractère saisissant de la pensée est dû au contraste qui existe entre les différentes manières dont l'Orient et l'Occident envisagent le concept de l'être. Si l'Occident, en particulier dans cette caricature de lui-même que l'on nomme philosophie moderne, a eu tendance à imaginer la réalité en termes de solides visibles, donnant ainsi au concept de l'être une apparence d'extériorité et de rigidité qui ne lui est pas propre en totalité, la perspective orientale a, d'une manière générale, davantage évoqué l'idée de l'être en tant qu'*acte*, personnel ou impersonnel selon le point de vue.

«Pour saint Thomas également, l'être est un "acte" dont, en fin de compte, même la substance parmi les catégories est une puissance et, dans cette mesure, relative. Il n'est point d'autre doctrine connue de l'Occident à partir de laquelle un contact fécond puisse être opéré avec la tradition que le Dr Coomaraswamy représente.

«Grâce à une compréhension approfondie des principes de la métaphysique de saint Thomas, et à présent que les auteurs orientaux sont davantage à même de nous expliquer leur propre pensée, il est sans doute possible d'avancer dans la compréhension de la tradition orientale et de dépasser les principes exposés dans le *De unitate intellectus contra Averrhoistas*. Dans tous les cas, il est certain que l'unité, ou plutôt la non-dualité, de conscience dont parle le Dr Coomaraswamy n'a rien à voir avec les conceptions évolutionnistes et sentimentales du modernisme théologique.»

Bernard KELLY.

2. Le bref essai qui précède résume un point de vue exposé dans mon article «On the One and Only Transmigrant» (supplément n° 3 du *Journal of the American Oriental Society*, 1944) et que je développerai plus longuement, à l'aide de la documentation adéquate, dans un ouvrage sur la réincarnation qui doit être achevé avant peu. Le point de vue dont il s'agit est que les textes traditionnels indiens, islamiques et grecs qui semblent affirmer une réincarnation des êtres individuels sont des expressions d'un animisme populaire et pragmatique – «animiste», dans le sens où ils admettent la réalité d'un Ego posé en postulat – et devraient être entendus métaphysiquement comme ne se rapportant qu'à l'universalité de l'Esprit immanent, du *Daimon* ou Homme-dans-cet-homme Éternel, qui se rend compte de sa propre omniprésence *ex tempore* lorsqu'il «recouvre son ancienne félicité».

Chapitre VIII
L'ILLUSION DE LA DÉMOCRATIE, DE LA LIBERTÉ ET DE L'ÉGALITÉ

Parmi les forces qui font obstacle à une synthèse culturelle ou, pour mieux dire, à une entente commune indispensable en vue d'une coopération, les plus grandes sont celles de l'ignorance et du parti pris. L'ignorance et le parti pris sont à la base de la naïve présomption d'une «mission civilisatrice». Celle-ci apparaît, aux yeux des peuples «arriérés», contre qui elle est dirigée et dont elle se propose de détruire les cultures, comme une simple impertinence et une preuve du provincialisme de l'Occident moderne. Celui-ci regarde toute imitation comme la flatterie la plus sincère, même quand elle se réduit à la caricature, en même temps qu'il est prêt à prendre les armes pour se défendre si l'imitation devient assez réelle pour entraîner une rivalité dans la sphère économique. À vrai dire, si l'on veut qu'il y ait sur terre un peu plus de bonne volonté, l'homme blanc devra réaliser qu'il doit vivre dans un monde peuplé en grande partie de gens de couleur (et «de couleur» signifie habituellement, pour lui, «arriéré», c'est-à-dire différent de lui-même). Et le chrétien devra réaliser qu'il vit dans un monde à majorité non chrétienne. Il faudra que chacun prenne conscience de ces faits et les accepte, sans indignation ni regret. Avant même de pouvoir songer à un gouvernement mondial, il nous faut des citoyens du monde, qui puissent rencontrer leurs concitoyens sans se sentir gênés, comme entre *gentlemen,* et non en soi-disant maîtres d'école rencontrant des élèves que l'on instruit «obligatoirement» même si c'est aussi «librement». Il n'y a plus place dans le monde pour la grenouille dans le puits; elle ne prétend juger les autres que par sa propre expérience et ses propres habitudes. Nous avons ainsi fini par réaliser que, comme l'a dit, il y a peu, El Glaoui, le pacha de Marrakech, «le monde musulman ne veut pas de l'inimaginable monde américain ou de son incroyable style de vie. Nous (les musulmans) voulons le monde du Qoran», et il en est de même, *mutatis mutandis,* pour la majorité des Orientaux. Cette majorité comprend non seulement tous ceux qui sont encore «cultivés et illettrés», mais aussi une fraction, bien plus importante qu'on ne le croit, de ceux qui ont passé des années à vivre et à étudier en Occident, car c'est parmi ceux-ci qu'il est possible de trouver bon nombre des «réactionnaires» les plus convaincus[1]. Parfois, «plus nous voyons ce qu'est la démocratie et plus nous estimons la monarchie»; plus nous voyons ce qu'est l'«égalité», et moins nous admirons «ce monstre de la croissance moderne, l'État commercialo-financier» dans lequel la majorité vit de ses «*jobs*», où la dignité d'une vocation ou d'une profession est réservée au très petit nombre et où, comme l'écrit Éric Gill, «d'un côté, il y a l'artiste voué uniquement à s'exprimer, de l'autre l'ouvrier privé de tout "soi" à exprimer».

J'ai longtemps pensé écrire une série d'articles sur certaines «illusions». «Am I My Brother's Keeper?» (qui est paru dans *Asia and the Americas*, mars 1943) peut être considéré comme la préface. «The Bugbear of Literacy» paraît dans le numéro de février 1944 de la même revue. D'autres articles en projet pourraient s'intituler «The Bugbear of Scholarship», «The Bugbear of Woman's Emancipation» (par ma femme), «The Bugbear of World Trade» et «The Bugbear of Spiritual Pride», ce dernier article traitant en particulier de l'emploi inexact de termes péjoratifs comme «religion naturelle» et «idolâtrie». Peut-être ne seront-ils jamais écrits car j'ai, moi aussi, une vocation, qui est beaucoup plus de rechercher la signification des symboles universels de la *Philosophia Perennis* que de faire l'apologie – ou de polémiquer à propos – de doctrines auxquelles il faut croire si l'on veut les comprendre et qu'il faut comprendre si l'on veut y croire.

Dans le présent article, je me propose de discuter des préjugés suscités, dans tout esprit cent pour cent progressiste et démocratico-égalitaire, par le mot (portugais) «caste». Pour le Dr Niebuhr, par exemple, le système indien des castes est la «forme la plus rigide de snobisme de classe dans l'histoire»; bien entendu, il veut dire «*arrogance* de classe», puisqu'il a certainement eu l'intention de critiquer l'attitude supposée des castes supérieures (comparable à celle des Anglais en Inde et à celle de ceux qui maintiennent la Mason-Dixon Line en Amérique*); tandis que, selon la définition du dictionnaire, c'est seulement quelqu'un d'inférieur qui peut être «snob». Mais, comment peut-il y avoir de l'arrogance ou du snobisme là où il n'est nulle ambition sociale? C'est au sein d'une société dont les membres aspirent à des emplois de «cols blancs» et doivent «rivaliser de standing avec leurs voisins» que ces vices prédominent. Si vous demandez à un homme en Inde *ce* qu'il est, il ne répondra pas: «Je suis un brahmane» ou: «Je suis un shūdra» mais: «Je suis un dévôt de Krishna» ou bien: «Je suis shivaïte»; et ce n'est pas parce qu'il est «fier» ou qu'il a «honte» de sa caste, quelle qu'elle soit, mais parce qu'il parle d'abord de ce qui lui semble plus important que n'importe quelle distinction sociale.

Pour H. N. Brailsford (dont je respecte la sincérité et le courage), auteur de *Subject India*, la caste est un véritable «croquemitaine». Cela le choque que la vie d'un homme soit «enserrée depuis sa prime jeunesse dans un réseau d'interdictions et de prescriptions» et qu'«un Indien ne puisse devenir protestataire ou rebelle que par un effort dont seules sont capables les natures les plus fortes». Il ne lui est guère venu à l'esprit que l'obéissance peut exiger une nature plus forte que la rébellion, ou qu'un paradigme strict de «correction» n'est pas plus à déplorer que le fait que nul ne peut composer un sonnet en vers libres. La caste, dit-il, «fait de l'individu une unité soumise d'esprit et de corps, à un degré qui effraie et scandalise l'observateur européen» qui est lui-même, bien entendu, un «intouchable» et peut-être quelque peu «effrayé» par la dépréciation impliquée. Et pourtant, M. Brailsford admet bien des choses lorsqu'il en vient à parler de l'application du système des castes! L'une des «interdictions» religieuses ou tabous (excepté parmi les castes les plus «dégénérées») concerne la boisson. (Sœur Nivedita a fait remarquer jadis que le christianisme «entraîne l'ivrognerie dans son sillage».) Mais M. Brailsford nous apprend que «le Congrès avait la moralité indienne derrière lui quand il organisa le boycottage des *toddy-shops*... aucun Indien n'osait braver la condamnation de ses compagnons en y pénétrant. Dans certains endroits, la toute-puissante organisation des castes renforça l'interdiction du Congrès». Vous voyez que, lorsqu'elles remplissent leur rôle, «interdictions et prescriptions» deviennent une «moralité». Il existe d'autres interdictions et prescriptions qui regardent aussi notre morale et contre lesquelles nous ne nous sentons pas obligés de nous «rebeller» ou de «protester»; et, s'il y en a qu'il ne comprend pas, M. Brailsford a-t-il jamais pensé à en étudier pour nous la signification? De même, dans le cas du boycottage des produits anglais manufacturés, il déclare que «son succès général fut une preuve stupéfiante de la solidarité de la société indienne». Comment peut-il concilier cela avec ce jugement selon lequel, en Inde, «l'obstacle de loin le plus sérieux à l'unité sociale vient des castes et de leurs règles d'endogamie»[2]?

Rappelons qu'en Inde, les hommes de castes différentes ne sont séparés ni par la religion, ni par la culture, ni par la langue, mais seulement par des règles contre l'intermariage et la commensalité *(interdining)*[3]; aucun roi, par exemple, ne peut espérer épouser la fille de son propre cuisinier brahmane. Que des castes différentes n'aient jamais trouvé difficile d'œuvrer ensemble pour des fins communes est amplement démontré par l'institution quasi universelle du *Pancayat* ou conseil de village, qui est une commission d'hommes de différentes castes. De plus, on peut remarquer que l'appartenance à une caste n'entraîne pas, selon la loi hindoue, d'incapacité légale; tout homme, quelle que soit sa caste, peut servir de témoin au cours d'un procès, les seules qualifications – ayant trait au caractère et à l'impartialité – étant les mêmes pour tous *(Manu* VIII, 61-63).

L'*Imperial Gazetteer* [dictionnaire géographique de l'Empire] remarque que les habitants du village indien typique «sont unis étroitement au sein d'une petite communauté avec sa propre organisation et son propre gouvernement... ses règles coutumières et un petit groupe de fonctionnaires, d'artisans et de commerçants». M. Brailsford objecte que «les seuls obstacles à l'accroissement du commerce intérieur sur une échelle gigantesque sont la pauvreté des villages et l'autarcie qui est propre à leurs plus anciennes traditions... Il existe encore maint village, où les artisans héréditaires, qui servent pour une ration de grains ou quelques arpents de terre franche, tisseront les étoffes dont il aura besoin, forgeront ses houes et tourneront ses pots». Malheureusement, «l'accroissement du commerce intérieur sur une échelle gigantesque» n'est aucunement l'une de nos ambitions principales. Nous tenons encore (avec Philon, *De Decalogo,* 69) pour vérité patente que l'artisan est de valeur supérieure au produit de son métier, et nous avons conscience que c'est avant tout dans les sociétés industrielles que cette vérité est ignorée. D'après ce que nous connaissons des conditions de travail dans les usines qui existent déjà à Bombay et ailleurs, il n'y a pas la moindre perspective d'amélioration même de la condition des hors caste les plus inférieurs par un développement gigantesque du commerce intérieur. Encore une fois, «nous ne voulons pas de l'incroyable style de vie américain».

Ce que nous voyons très clairement, en revanche, comme l'a écrit A. M. Hocart, probablement le seul sociologue européen sans préjugés qui ait écrit sur les castes, c'est que «le service héréditaire est tout à fait incompatible avec l'industrialisme actuel et c'est pourquoi il est peint sous des couleurs aussi sombres» *(Les Castes,* p. 238)[4]. Incompatible, parce que la caste implique des relations humaines et des responsabilités réciproques qui ne trouvent leur place ni dans le monde du capital, de la main-d'œuvre et de la fabrication pour le profit, ni dans le modèle soviétique collectiviste. Aucune civilisation ne peut être acceptée qui n'assure pas le bonheur au travailleur; et nul homme ne peut être heureux qui est contraint de gagner sa vie autrement que par le métier auquel il est destiné par sa nature et auquel, par conséquent, il peut littéralement *se consacrer* avec enthousiasme. Je dis qu'aucun homme ne peut être heureux si ce n'est dans «cet état de vie auquel il a plu à Dieu de l'appeler»; je dis que l'homme est littéralement *infortuné* (privé de l'héritage qui lui est dû) si l'État ou sa propre ambition font que sa destinée et sa nature ne s'accordent pas – «*d'un vrai travail on ne peut pas se débarrasser, c'est la vie même*» *.

Ce que nous avons dit plus haut de l'organisation villageoise doit bien faire comprendre que le gouvernement traditionnel de l'Inde est bien moins centralisé et bien moins bureaucratique que n'importe quelle forme de gouvernement connue des démocraties modernes. On pourrait même dire que les castes sont la citadelle d'un gouvernement autonome bien plus réel que ce qu'on pourrait réaliser par le décompte de millions de voix prolétaires. Dans une très large mesure, les diverses castes coïncident avec les corps de métier. Avant le choc de l'industrialisme et du *laissez faire***, particulièrement dans les grandes cités, ces corps de métier exerçaient un très grand nombre des fonctions dont les bureaucraties se chargent à présent avec bien moins d'efficacité, et certaines qu'elles ne se soucient guère de remplir. Ainsi, outre leur fonction, qui est de maintenir des normes de qualité pour ce qui concerne le matériau et l'exécution, et d'assurer l'éducation par l'apprentissage (ou plutôt par la relation de maître à disciple), ces corps de métier englobent tout le domaine de la charité et ce que l'on connaît à présent sous le nom de «sécurité sociale». On pourrait dire que si l'Inde ne fut pas, au sens chinois ou islamique, un pays démocratique, elle fut néanmoins la terre aux multiples démocraties, c'est-à-dire aux groupes autonomes maîtrisant pleinement toutes les questions qui sont réellement dans leur compétence, et que peut-être aucun autre pays au monde n'a été mieux formé pour l'autonomie. Mais, comme l'a dit sir George Birdwood, «sous la domination britannique en Inde, l'autorité des corporations s'est nécessairement relâchée»; la nature d'une telle «nécessité» ne supportera guère l'analyse.

Il existe des types de sociétés qui ne sont nullement «au-dessus», mais au contraire «au-dessous», des castes; des sociétés dans lesquelles règne ce que les sociologies traditionnelles appellent une «confusion des castes»; des sociétés où les hommes sont considérés principalement, si ce n'est en fait exclusivement, comme des animaux économiques, et où l'expression «niveau de vie», chère à l'industriel faisant de la réclame, n'a que des connotations quantitatives. De telles sociétés ont, en effet, «progressé» vers, et sont peut-être parvenues à «la multiplicité pure et "inorganique" d'une sorte d'atomisme social, et à l'exercice d'une activité purement mécanique dans laquelle rien de proprement humain ne subsiste, de telle sorte qu'un homme peut adopter une profession quelconque, et peut même en changer à son gré, comme si cette profession était quelque chose de purement extérieur à lui» (René Guénon)[5]. La simple existence de ces grands agrégats prolétariens dont les membres, qui s'exploitent les uns les autres, prolifèrent dans des «capitales» – lesquelles n'ont plus aucun rapport organique avec les corps sociaux sur lesquels elles croissent, mais dépendent des débouchés mondiaux qui doivent être créés par des « guerres de pacification » et sans cesse stimulés par la « création de nouveaux besoins » au moyen d'une publicité suggestive – est fatale aux sociétés traditionnelles les plus fortement différenciées, dans lesquelles l'individu possède un statut déterminé par sa fonction et, en aucune manière, uniquement par la richesse ou la pauvreté ; leur existence ruine automatiquement l'individu dont l'« efficacité » le ravale au niveau de producteur de matières premières, destinées à être transformées dans les usines du vainqueur ; et on s'en débarrasse en les vendant à bas prix aux mêmes peuples « arriérés » qui doivent accepter leur quantité annuelle de gadgets, si l'on veut que les affaires prospèrent[6]. Même un « progressiste » bon teint comme M. Brailsford en arrive à se demander si l'homme « n'est pas trop pervers pour qu'on lui confie de puissantes machines » !

Albert Schweitzer caractérise les conséquences économiques de l'exploitation commerciale (le « commerce mondial ») : « Chaque fois que le commerce du bois marche bien, une famine permanente règne dans la région de l'Ogooué. » Lorsque ainsi « le commerce élit domicile dans chaque arbre », les conséquences spirituelles sont encore plus dévastatrices ; la « civilisation » peut détruire les âmes aussi bien que les corps de ceux qu'elle contamine. Bien entendu, je n'ignore pas qu'il existe une foule d'Orientaux occidentalisés qui sont tout à fait disposés et même impatients de recevoir les *dona ferentes** de l'industrie sans s'attarder à examiner un seul instant ces « chevaux » donnés ; mais, aussi étrange que cela puisse paraître aux Wallace qui aimeraient « (nous) aider à avancer sur le chemin de l'industrialisation », c'est précisément du point de vue du système des castes qu'un Indien peut faire, avec le plus d'assurance et d'efficacité, la critique de la civilisation occidentale moderne.

Parmi les critiques les plus sévères, se trouvent certains de ces Orientaux, occidentalisés en apparence, qui ont eux-mêmes vécu et étudié très longtemps en Europe et en Amérique. Pour eux, il est clair que, dans les fourmilières sociales indifférenciées du monde occidental, «l'homme ordinaire» est, en fait, le produit de série d'un monde de production massifiée et uniformisée et d'«éducation» obligatoire universelle; que la «sagesse collective d'un peuple (occidental) instruit» n'est guère plus que de l'ignorance collective; et qu'il ne peut y avoir de comparaison entre «l'homme ordinaire» prolétarien d'Occident et le paysan cultivé mais illettré de la communauté traditionnelle «dont les intérêts intellectuels sont semblables, du haut en bas de l'édifice social» (G. L. Kittredge).

Ils constatent que c'est précisément dans les sociétés les plus «individualistes» qu'il y a le moins d'individus[7]. Ce ne sera certainement pas une surprise pour eux d'entendre des observateurs occidentaux dire qu'en Occident, «il reste la façade de la civilisation sans aucune de ses réalités» (A. N. Whitehead); ou d'admettre: «Alors que les inventions et les procédés mécaniques se sont multipliés dans des proportions démesurées, il n'y a eu aucun développement moral ou spirituel pour équilibrer ce processus» (J. C. Hambro); décrire la société moderne comme «une machine meurtrière, sans conscience et sans idéaux» (G. La Piana); ou reconnaître que «la civilisation, telle que nous l'avons sous les yeux, ne peut s'achever que par un désastre» (G. H. Estabrooks).

Qu'avez-vous exactement à nous offrir, vous qui êtes si pénétrés de votre «mission civilisatrice»? N'êtes-vous point étonnés «qu'il n'y ait plus de peuple dans toute l'Asie qui ne regarde l'Europe avec crainte et soupçon», comme l'a dit Rabindranath Tagore, ou que nous redoutions la perspective d'une alliance des puissances impérialistes dont la «Charte de l'Atlantique» ne devait pas s'appliquer à l'Inde et ne s'appliquera pas à la Chine si on peut l'éviter? Un aphorisme répété à maintes reprises dans les Écritures bouddhistes dit ceci: «La guerre engendre la haine car les vaincus sont malheureux»; et cela est encore plus vrai des guerres économiques que des guerres militaires car, dans les premières, tous les coups sont permis, ne laissant aucune trêve pour la conclusion d'une paix.

Dans tout examen du système des castes, et il en serait exactement de même s'il était question de la royauté[8], nous avons toujours à nous occuper d'une foule d'erreurs que même des écrivains occidentaux, par ailleurs bien renseignés, répètent constamment. L'une des principales est l'opinion, énoncée comme un fait par les auteurs de *Twentieth Century India* (Institute of Pacific Relations, 1944, p. 17), selon laquelle «le système des castes est particulier à l'hindouisme». Sur ce sujet, je voudrais citer Hocart une nouvelle fois. Il écrit, dans sa préface, que quelque chose, au moins, aura été accompli «si l'on a pu convaincre le lecteur que le système des castes indien n'est pas, comme on le croit généralement, un phénomène isolé, mais (qu'il) appartient à une catégorie sociale (genre) largement répandue. Et puisque ce n'est pas un phénomène isolé, nous ne pouvons le comprendre si nous l'isolons». Un peu moins de la moitié de son livre concerne l'Inde; le reste traite de la Perse, des Hébreux, des îles du Pacifique, de la Grèce et de l'Égypte, et l'on peut ajouter qu'une place importante aurait pu être consacrée au Japon et au système féodal en Europe[9]. Tout ce que nous pouvons dire, c'est qu'en Inde la structure vocationnelle de la société a été plus fortement mise en valeur et a survécu intacte plus longtemps qu'ailleurs. Une autre erreur est celle des érudits qui attribuent le système des castes en Inde à l'asservissement des races indigènes à la peau plus sombre par des conquérants blonds. Qu'il suffise de faire remarquer, comme l'a fait Hocart, que les quatre castes correspondent aux quatre quartiers et sont de quatre «couleurs» – blanche, rouge, jaune et noire – et que, pour être cohérente, la théorie ethnique doit présupposer des envahisseurs de trois couleurs distinctes, une race blanche devenant les prêtres, une race rouge ceux qui gouvernent et une race jaune les marchands du territoire envahi! La seule distinction réelle entre les couleurs s'effectue entre les trois premières et la dernière, les couleurs en question étant respectivement celles du jour et de la nuit, ou de l'«or» et du «fer»; dans l'opération divine, l'Identité Suprême assume tantôt l'une, tantôt l'autre, à son gré. La distinction n'est que partiellement reflétée dans le monde sensible; la couleur actuelle des peuples indiens varie du blanc au noir, et il n'est nullement vrai que tous les brahmanes soient blancs ou que tous les shūdras soient noirs.

Le mot Bramana est un patronyme de Brahma (Dieu); le «véritable» brahmane, différent du «brahmane de naissance» est «Celui qui connaît Brahma». Le mythe sacrificiel nous enseigne que le brahmane est «né de la bouche» de la Personne Divine; que cela implique une seconde naissance (les membres des trois castes supérieures sont tous *dvija*, «deux fois nés») ressort clairement du fait que même l'enfant d'une famille brahmane ne reçoit de ses parents qu'une existence et ne vaut pas mieux qu'un shūdra avant d'être né du Vêda *(Manu,* II, 147, 172); il devient un brahmane digne de ce nom dès lors qu'il a été initié par un maître brahmane, qui représente l'Ancêtre *in divinis* et dont il est né à nouveau «de sa bouche» *(Śatapatha Brāhmaṇa* XI, 5. 4. 1)[10]. Ainsi, nous découvrons un homme, qui a étudié les Écritures au pied d'un maître compétent, décrit dans la *Chāndogya Upaniṣad* comme «rayonnant tel un connaissant de Brahma», et c'est ce que veut véritablement dire être de «nature Brahmana» *(varna).* Les deux termes indiens pour «caste» sont *varna (couleur)* et *jāti* (naissance)[11]. De ces deux, *varna,* d'une racine voulant dire «couvrir» ou «cacher», signifie bien davantage que «couleur» ou «nature»; elle désigne une apparence, une individualité ou un caractère qu'une essence donnée peut assumer; *varna* et *jāti* ne sont pas synonymes, mais normalement concomitants. Dans un contexte bouddhiste, nous trouvons un Brahmana expliquant que le brahmane est celui qui est de descendance pure *(jāti),* qui possède une connaissance des Écritures, une nature semblable aux fleurs *(varna-pushkaratā),* qui est vertueux *(sīlavat)* et cultivé *(paṇdita)*;

mais de ces cinq qualifications, seules les deux dernières sont indispensables.

Il va être nécessaire à présent de considérer l'origine, la nature et les implications du système des castes, principalement en Inde. Nous tâcherons de le faire d'un point de vue entièrement indien, et tout à fait en dehors des théories contradictoires, changeantes et souvent pleines de préjugés des sociologues occidentaux. En premier lieu, il doit être compris que les termes des classifications hiérarchiques s'appliquent non seulement aux êtres humains mais également *in divinis* et pour l'univers tout entier[12].

Il nous faut commencer par la grande distinction entre les Dieux *(Devas, Aryas)* et les Titans *(Asuras, Anaryas)* qui sont pourtant frères et enfants du même père. La distinction est celle du jour et de la nuit, ou de la lumière et de l'obscurité et, en ce sens, c'est une distinction de couleurs *(varna)*; l'opposition est due au fait que les Titans sont les possesseurs originels de la Source de Vie, de la Lumière et du monde lui-même, qui tous doivent leur être arrachés s'il doit exister un monde dans lequel les dieux et les hommes puissent remplir leur destinée.

Le pouvoir d'exercer toutes les fonctions est inhérent à l'unité de l'Homme Universel primordial ou Personne Divine, le *Purusha,* qui est appelé ainsi parce qu'il est le Citoyen[13] essentiel dans tout corps politique, collectif ou individuel, tout comme pour Philon la déité est *monos politikos.* De la division sacrificielle de ses fonctions, qui est en même temps sa division en une pluralité de citoyens, naissent les deux groupes de quatre castes, les Brāhmanas, les Kshatriyas, les Vaishyas et les Shūdras, par une répartition des qualités et des fonctions *(Rig-Vêda,* X, 90, *Bhagavad Gītā,* IV, 13, etc.). Les classes des Dieux sont celles du Sacerdoce, du Règne et du Tiers-État, correspondant aux trois premières castes que nous venons de citer, tandis que les Asuras sont les Shūdras[14].

Humainement parlant, la hiérarchie des castes est identique. Ce n'est pas une hiérarchie des races, mais des fonctions et des niveaux et modes de vie. Un très grand nombre de choses sont permises au shūdra qui ne le sont point au brahmane. D'après la loi, pour le même délit, la peine d'un brahmane doit être soixante-quatre fois supérieure à celle d'un shūdra. Nous ne prétendons pas un instant que l'intouchabilité des castes inférieures et des hors caste, qui choque tant les esprits modernes, soit d'une manière ou d'une autre une excroissance du système des castes; pas plus que nous ne défendons celui-ci en citant ses équivalents anglais ou américain, car deux erreurs ne font pas une vérité.

Nous ne voulons pas justifier mais, plutôt, expliquer le système des castes. À la vérité, une telle comparaison ne serait pas vraiment valable car les tabous de la caste ne se fondent pas sur des préjugés de couleur ou de race en tant que tels (un brahmane déchu, même bien né ou loyal, subit la même inhabilité qu'un paria de naissance, *Manu*, XI, 245, 98, etc.), mais sont destinés au maintien d'une pureté rituelle à la fois physique et psychique. Je me demande parfois si les réformateurs étrangers se rendent compte que si nous devions laisser pénétrer les hors caste indiens dans nos sanctuaires, nous pourrions tout aussi bien laisser pénétrer les Européens. En fait, de même que les Titans sont totalement exclus des sacrifices offerts par les Dieux, de même les Shūdras ne peuvent participer aux cultes des castes supérieures *(Taittirīya Saṃhitā* VII, 1,1,6). Au moins dès le VIIIe siècle av. J.-C. *(Śatapatha Brāhmaṇa,* XI, 1,1,31), il est dit que celui qui enseigne une doctrine ésotérique, réservée seulement à ceux qui sont qualifiés, ne doit ni toucher ni même regarder un shūdra[15]. Mais cela ne veut pas dire que les castes inférieures, ou même le hors caste, ne possèdent aucune religion. En premier lieu, celui-ci a ses propres cultes, intimement liés à son propre *métier** et qui ne sont aucunement étrangers à l'hindouisme dans son ensemble, mais en constituent seulement une phase; les distinctions de culte en Inde ne sont pas une question d'« autres dieux », mais de convenance ; la voie des œuvres et de la dévotion est ouverte à tous et, en réalité, bon nombre des plus grands saints de l'Inde ont été des *Shūdras* ou même des *Chandālas*. Nous ne pouvons ignorer non plus le cas du « fils naturel » qui vient auprès d'un maître brahmane, comme il est dit dans la *Chāndogya Upaniṣad*, afin d'être son disciple. On lui demande de quelle famille il est et il peut seulement répondre qu'il est le fils de sa mère, car il lui est impossible de dire qui a été son père ; le brahmane l'accepte car il estime qu'une telle sincérité équivaut à un lignage brahmane et ne lui dissimule rien de sa doctrine, de sorte qu'il devient à son tour un « connaissant de Dieu » et possède ses propres disciples.

Cependant, nous ne nous intéressons pas tant ici à l'histoire séculière des castes en tant qu'institution sociale qu'à leur signification spirituelle. Toute la métaphysique indienne est sous-tendue par l'idée que le monde existant, dans toute sa diversité, tire son origine de la différenciation primordiale d'un seul en plusieurs[16], et qu'il ne peut être préservé que dans un état de bien-être par un « prolongement du fil du sacrifice », c'est-à-dire par sa perpétuation rituelle grâce à laquelle se poursuit le processus de la création[17], tout comme une « lignée » humaine ne peut être prolongée que par la perpétuation des relations entre le père et la mère, lesquelles doivent également être considérées comme des actes rituels. Par ailleurs, le sacrificateur archétypal est souvent appelé le « Maître d'Œuvre universel » *(viśva-karman)*, et son imitation humaine exige, en fait, une coopération de tous les talents que les hommes possèdent ou, en d'autres termes, celle de tous les types humains (puisque, dans les sociétés fondées sur la vocation, l'artiste n'est pas un type d'homme particulier, mais chaque homme un type d'artiste particulier).

C'est pourquoi, si le sacrifice (c'est-à-dire la Messe en langage chrétien) doit être correctement, c'est-à-dire parfaitement, accompli – ce qui est essentiel pour le succès de son objet qui est la santé présente et la béatitude future –, la société sacrificielle doit comprendre tous les types d'artistes[18]. En ce sens, il est littéralement vrai, selon l'expression indienne, que les vocations sont «nées du sacrifice». Inversement, les vocations elles-mêmes sont «sanctifiées»; et même lorsque l'artisan travaille au profit d'autres hommes et non manifestement pour accomplir l'essentiel d'un service divin, son action *(karman)* est un rite, comme dans le *Rig-Vêda,* IX, 11d, 1 où les œuvres des prêtres, des médecins et des charpentiers sont toutes pareillement *vratani.* On pourrait ajouter, relativement au «libre» *actus primus* dans lequel l'idée de la chose à fabriquer est conçue selon une forme imitable avant que le «servile» *actus secundus* de l'opération manuelle ne soit entrepris, que l'artiste peut être appelé, comme tout autre contemplatif, *dhira, yogi* ou *sādhaka,* et que les prescriptions iconographiques des livres techniques sont des *dhyana mantrams,* c'est-à-dire des formules contemplatives.

Des exemples de la qualité sacrée des arts traditionnels pourraient être trouvés en Inde et dans beaucoup d'autres cultures; au Japon, par exemple, où «le charpentier travaille toujours suivant la tradition shintoïste; à une phase particulière de son ouvrage, il revêt un costume sacerdotal, accomplit des rites, psalmodie des invocations et place la nouvelle maison sous la protection des dieux. Mais la profession du fabricant de sabres était jadis le plus sacré des métiers manuels. Il travaillait également en habit de prêtre et, tandis qu'il trempait une lame fine, il accomplissait les rites shintoïstes de purification. Il suspendait alors devant sa forge la corde sacrée en paille de riz, le plus ancien symbole du shinto. Et personne – pas même les membres de sa famille – ne pouvait lui parler ou entrer dans son atelier. Il ne se nourrissait que des mets cuits sur le feu sacré» (Lafcadio Hearn, *Japan,* p. 169). De même, dans les îles Marquises, quand on veut construire un nouveau canoë, un service liturgique est d'abord accompli, dans lequel le travail tout entier est rapporté au processus archétypal de la création; et, pendant l'exécution du travail, les artisans et leurs assistants vivent et travaillent ensemble dans une enceinte sacrée protégée par des tabous, observant une continence rigoureuse et préparant leur propre nourriture (W. C. Handy, *L'Art des îles Marquises,* 1938). Il va de soi que, tandis que, du point de vue missionnaire, toutes ces «pratiques superstitieuses» doivent être supprimées dans l'intérêt de la «vraie religion» (et, en fait, les Français, au cours de leur œuvre *civilisatrice**, les ont interdites), elles sont tout à fait «incompatibles» avec le système industriel actuel et doivent être abandonnées si les habitants des Marquises veulent «progresser». Nous n'exagérerions rien si nous disions que le «racket» est à la base de la civilisation moderne: inutile de nommer les gangsters.

Les arts et métiers traditionnels sont, en fait, des «mystères», avec des «secrets» qui ne sont pas uniquement des «trucs du métier» ayant une valeur économique (comme les «brevets d'invention» européens dont on a si souvent abusé), mais qui concernent le symbolisme universel et immémorial des techniques qui sont toutes des analogies ou des imitations de la nature créatrice en opération[19]: l'univers lui-même, par exemple, est un «tissu» dont les fils de la chaîne sont les rayons formels de la lumière incréée qui donne naissance aux images, la trame est la matière première au contact de laquelle l'illumination précitée devient une couleur et le dessin est leur progéniture. La connaissance de ces analogies est celle des «petits mystères» qui ressortissent au métier dans lequel l'apprenti n'est pas seulement admis, mais «initié»[20].

À présent, examinons un moment le mot *karman* qui a été cité plus haut. Les sens de la racine verbale *kar*, présente également dans le latin *creare* et le grec *kraino,* sont «fabriquer», «faire» et «effectuer». Et il est significatif que, tout comme le latin *facere* est à l'origine *sacra facere*, littéralement «rendre sacré», et le grec *poieo - hieropoieo*, le terme *karman* ne signifie pas seulement à l'origine «travail» ou

« fabrication », mais est aussi synonyme de *vajña,* « sacrifice » et de *vrata,* « opération sacrée », « obédience », « sphère d'activité », « fonction » et, particulièrement, comme dans la *Bhagavad Gītā,* de *dharma,* « justice » ou « loi naturelle ». En d'autres termes, l'idée est profondément enracinée au sein de l'humanité qu'il n'existe pas de véritable distinction entre le travail et les œuvres saintes ni d'opposition nécessaire entre les activités profanes et sacrées. C'est précisément cette idée qui trouve une expression si vivante dans la célèbre philosophie indienne de l'action, la « Voie des Œuvres » *(karma-mārga)* de la *Bhagavad Gītā.*

Dans les citations suivantes de la *Bhagavad Gītā,* il faut comprendre que, tandis que nous rendons *karma* par « action », il est en réalité impossible d'établir une distinction nette entre le sens d'« opération sacrificielle » et ceux d'« opération » ou de « devoir ». Cela est en plein accord avec plusieurs textes des Upaniṣads dans lesquels toutes les activités de la vie sont interprétées sacrificiellement. Précisément, cette « interprétation », dans laquelle les activités sont rapportées à leurs paradigmes *in divinis,* marque la différence entre Celui qui comprend *(evamvit)* et le simple *behaviourist*. Siddhi,* rendu par « perfection », est un terme difficile à traduire ; la racine implique l'accomplissement de toute fin en vue et également la « mise en ordre », la « guérison » ou la « maturité » ; le sens qu'il a dans notre contexte est aussi proche que possible de celui du grec *teleiosis.*

Après ces prémisses, voici le sermon indien[21] :

« Les "quatre couleurs" procèdent de Moi qui suis le dispensateur des qualités et des actions. Les activités propres à chacun ont été dispensées selon les qualités prédominant dans la nature *(sva-bhāva)* de chacun. Il n'est, dans cet univers, rien que je doive ou que j'aie besoin de faire, ni rien à obtenir que je ne possède déjà ; et, cependant, je participe à l'action. Autrement, les mondes seraient bouleversés, et je serais l'auteur de la "confusion des couleurs" et le destructeur de mes enfants. C'est par attachement à l'acte que les ignorants agissent; celui qui comprend doit agir tout pareillement, mais sans attachement, pour la cohésion de l'univers[22]. Le "joug" *(yoga)* est "habileté" dans les œuvres[23]. Mieux vaut s'acquitter – même médiocrement – de son propre devoir *(sva-dharma),* que d'obligations étrangères, fût-ce à la perfection. Il est préférable de mourir en exécutant son devoir (plutôt que déserter); accomplir le devoir d'un autre est une chose redoutable! Celui qui accomplit l'œuvre déterminée par sa nature propre *(sva-bhāva)* ne commet aucune faute. On ne doit jamais abandonner le métier pour lequel on est né *(saha-jam karma).* Car l'homme atteint la perfection quand il est amoureux *(abhi-ratah)* de son devoir propre. Il trouve la perfection en ceci que, dans son propre travail, il honore Celui dont procèdent tous les êtres et par Qui tout cet univers est déployé – *Laborare est orare.*»

Autrement dit, la Voie de tout homme pour devenir ce qu'il est – ce qu'il est en puissance – est une voie de perfectionnement dans cette condition de la vie à laquelle l'appelle impérieusement sa propre nature (c'est-à-dire sa naissance). La quête de la perfection constitue l'«égalité des chances» de tout homme; et le but est le même pour tous, pour le mineur comme pour le professeur, parce qu'il n'y a pas de degrés dans la perfection. Ce point de vue tout entier est déjà implicite dans la vieille équation *karma = yajña,* c'est-à-dire *facere = sacra facere.* Les textes rituels insistent, en effet, à maintes reprises sur la nécessité d'accomplir *parfaitement* le Sacrifice – ni trop ni trop peu – si le sacrificateur veut atteindre son objectif; et, bien entendu, cela implique que tout ce qui est fait ou accompli en vue du Sacrifice doit l'être parfaitement. Nous trouvons une illustration saisissante de ce perfectionnisme (qui évoque de manière vivante la philosophie du travail des Shakers) dans un contexte bouddhiste *(Anguttara Nikāya,* 111, 363) où les entéléchies du moine, du souverain et du chef de famille, etc., sont définies et où la «réalisation» *(pariyosāna)* du chef de famille, dont les moyens d'existence sont assurés par la pratique d'un art, est une «œuvre rendue parfaite». Selon l'expression de saint

Thomas d'Aquin, «l'artisan est *naturellement* enclin par *justice* à faire son travail fidèlement» *(Summa Theologica,* I-II, 57, 3 *ad* 2).

L'esprit moderne, pourrait-on faire remarquer, n'est pas opposé à l'idée de la vocation en soi ; en l'absence d'une hérédité établie des fonctions, il élabore, au contraire, des «tests professionnels» et cherche à donner une orientation dans le «choix d'une profession». Ce qui l'irrite le plus est le principe héréditaire qui semble instituer une limite arbitraire pour l'égalité des chances de l'individu. Ce ressentiment est assez naturel dans le cas d'une société prolétarienne où la confusion des castes s'est déjà produite et où l'on ne peut guère se faire une idée d'une civilisation traditionnelle fondée sur les premiers principes et «dans laquelle tout est ordonné et hiérarchisé en accord avec ces principes» (René Guénon).

À ce propos, disons d'abord que, bien que ces principes soient immuables en eux-mêmes, leur application aux circonstances de temps et de lieu est contingente ou plutôt est une question de convenance (en employant cet excellent terme *stricto sensu*). En conséquence, si l'on voulait imaginer un système de castes appliqué à l'Amérique actuelle, il ne devrait pas nécessairement être héréditaire, s'il était réellement instauré pour assurer qu'une majorité d'hommes puissent gagner leur vie en faisant ce qu'ils aiment faire plus que toute autre chose au monde[24], et si les syndicats ouvriers étaient disposés (et capables) d'insister sur la responsabilité humaine de l'ouvrier tant pour la production des nécessités vitales que pour leur qualité. Même en supposant que la pratique du système traditionnel des castes reste au-dessous ou même, pour illustrer notre propos, très au-dessous de la théorie, ne serait-il pas préférable que le réformateur social, au lieu d'attaquer une théorie (dont il n'a que très rarement une compréhension réelle), se demande si les systèmes traditionnels ne sont pas, en fait, destinés à réaliser un genre de justice sociale qui *ne peut pas* être réalisé dans un système industriel concurrentiel où toute production est essentiellement pour le profit, où le consommateur est un «cobaye» et où tous, excepté un petit nombre d'heureux, exercent une profession qui *n'est pas* une question de libre choix, mais quelque chose d'économiquement, et en ce sens, d'arbitrairement, déterminé[25]? Ce n'est donc pas pour justifier le système des castes, mais pour l'expliquer, que nous écrivons, dans l'espoir que le lecteur se posera lui-même ce genre de questions.

Expliquons alors la signification du principe héréditaire dans une société où ne s'est pas encore produite la confusion des castes. L'héritage de fonctions est une question de renaissance – *non pas* selon la fausse interprétation qu'on donne couramment de ce mot, mais comme il est défini dans les Écritures indiennes et en conformité avec le postulat traditionnel suivant lequel *le père lui-même renaît dans son fils.* Nous avons vu que la fonction est «née du sacrifice»; cela signifie que si l'on veut répondre aux besoins de la société théocratique, les fonctions «ministérielles» * par lesquelles les deux fins du sacrifice (la santé ici-bas et la béatitude dans l'autre monde) sont assurées doivent être perpétuées de génération en génération; la fonction est à la fois un état et une charge et, en tant que tels, un majorat. Pour Platon et la philosophie scolastique, tout comme pour le Vedānta, *duo sunt in homine,* et de ces deux, l'un est la personnalité mortelle ou nature de cet homme untel, l'autre la partie immortelle et la personne véritable de l'homme lui-même[26]. C'est uniquement à la première, à la nature individuelle, que la «couleur» peut s'appliquer; le terme *varna* lui-même pourrait, en vérité, être rendu assez exactement par «individualité», attendu que la couleur provient du contact de la lumière avec une matière qui présente alors une couleur, déterminée non par la lumière, mais par sa propre nature.

«Mon» individualité ou constitution psychophysique n'est pas, de ce point de vue, une fin en elle-même pour moi ou pour les autres, mais toujours un moyen, vêtement, véhicule ou instrument destiné à un bon usage aussi longtemps qu'elle sera « mienne ». Ce n'est pas une valeur absolue, mais seulement relative, personnelle, dans la mesure où elle peut être utilisée comme moyen pour réaliser cette fin dernière de l'homme qu'est la libération *(Bhagavad Gītā*, V, 11), et sociale dans son adaptation à l'accomplissement de telle ou telle fonction spécialisée. C'est l'individualité, non la personne, que le père lègue à son fils, en partie par l'hérédité, en partie par l'exemple et en partie par des rites formels de transmission : quand le père devient *emeritus**, ou à sa mort, le fils hérite de sa position et, au sens le plus large du terme, de ses dettes, c'est-à-dire de ses responsabilités sociales. Cette acceptation de l'héritage paternel libère le père du fardeau de la responsabilité sociale qui le contraignait en tant qu'individu ; « ayant fait ce qu'il avait à faire », l'homme parfait s'en va en paix ; ce n'est donc pas pour notre seul plaisir ou orgueil que les enfants doivent être engendrés ; en vérité, ce ne seraient pas « nos enfants » s'ils n'assumaient point à leur tour le fardeau de nos responsabilités – « les enfants sont engendrés afin de former une succession d'officiants sacrificateurs » – « pour la perpétuation de ces mondes » (*Śatapatha Brāhmaṇa*, I, 8, 1, 31 ; *Aitareya Upaniṣad*, IV, 4), et il en est de même pour Platon qui dit : « Au sujet des mariages, il est arrêté que nous devons nous attacher à ce qui est l'éternel renouvellement de la nature en laissant après nous des enfants de nos enfants, afin de donner toujours à la Divinité des serviteurs qui nous remplacent » *(Lois*, 774 a).

C'est seulement à la lumière de la doctrine des deux soi et de l'injonction non moins universelle du « connais-toi toi-même » (à savoir connaître celui des deux soi qui est notre véritable Soi), que nous pouvons vraiment comprendre le ressentiment éprouvé à l'égard des « interdictions et prescriptions » et de l'« inégalité », ainsi que le plaidoyer correspondant en faveur de la « protestation » et de la « rébellion » dont nous avons parlé plus haut. Ce ressentiment a des racines très profondes qui n'existent pas seulement du fait d'une confusion des castes, laquelle devrait être regardée davantage comme un symptôme que comme la cause première du désordre.

Une aversion pour les contraintes n'est pas condamnable en elle-même, elle est naturelle chez tout prisonnier. La conception traditionnelle de la liberté va bien au-delà, en vérité, de ce qu'un anarchiste pourrait exiger ; c'est la conception d'une liberté absolue et sans entrave aucune, en vue d'être comme, quand et où l'on veut. Toutes les autres libertés contingentes, si souhaitables et justes soient-elles, sont dérivées et ne doivent être appréciées qu'en relation avec cette fin dernière. Mais cette conception d'une liberté absolue est associée avec la ferme conviction que, de toutes les contraintes possibles, la plus rigoureuse est, de loin, la soumission à tout-ce-qui-n'est-pas-nous-même, et plus spécialement, dans cette catégorie, la soumission aux désirs et aux passions de notre homme extérieur, de l'« individu ». Quand, maintenant, comme Boèce, nous avons « oublié qui nous sommes » et, nous identifiant avec notre homme extérieur, sommes devenus « amoureux de notre soi », alors nous lui communiquons toute notre aspiration à être libre et nous croyons que notre bonheur tout entier sera contenu dans sa liberté d'en faire à sa fantaisie et de paître à sa guise. C'est ici, dans l'ignorance et le désir, que résident les racines de l'« individualisme » et de ce que nous appelons, en Inde, « la loi des requins » et en Amérique « la libre entreprise ». Quiconque se propose de rendre les membres d'une société traditionnelle (dont l'actuelle « docilité » lui est source d'irritation) mécontents de ce qui est appelé, à juste titre, leur « sort », doit bien comprendre qu'il ne pourra le faire que s'il est capable de leur imposer sa propre conviction de l'identité de son ego avec lui-même.

De même, quand on soutient que « tous les hommes naissent égaux », de quels « hommes » parle-t-on ? L'assertion n'est manifestement pas vraie pour tous les « hommes extérieurs », car nous constatons qu'ils sont doués différemment, à la fois physiquement et mentalement, et que les aptitudes naturelles doivent être prises en compte même dans des sociétés nominalement égalitaires. Une affirmation d'égalité n'est vraie absolument que pour tous les hommes intérieurs ; vraie pour les hommes eux-mêmes, mais non pas pour leur personnalité. En conséquence, dans la *Bhagavad Gītā* elle-même (V, 18) où, comme nous l'avons déjà vu, la validité de la distinction des castes est fortement mise en valeur et une confusion des castes équivaut à la mort d'une société, il est dit également que « le véritable philosophe *(pandit)* porte *un regard égal* sur le brahmane parfaitement doué de sagesse et de vertu, la vache, l'éléphant, le chien, celui qui mange de la viande de chien », c'est-à-dire un *Chāndala* ou « hors caste ». *Un regard égal,* inaffecté par les sympathies ou les antipathies ; cela ne signifie pas qu'il ignore les inégalités parmi les « hommes extérieurs » à qui les catégories du système social s'appliquent réellement et qui sont encore chargés de droits et de devoirs ; cela signifie qu'en parfait voyant, celui qui s'est élevé au-dessus de toutes les distinctions établies par les qualités naturelles (ce que tous les hommes peuvent faire) et qui n'appartient plus au monde, est insensible aux couleurs et ne voit que l'essence ultime et sans couleur, immortelle et divine, « égale » car non modifiée et indivise, non seulement dans chaque homme, mais dans toute créature vivante « jusqu'aux fourmis ».

Notre objet, en livrant ces considérations (qu'un sociologue moderne ne se hasarderait guère à traiter dans une analyse sociale), est de montrer de manière parfaitement claire que, de même qu'en critiquant une œuvre d'art nous ne pouvons pas isoler l'objet de notre étude de son environnement global sans le « tuer », de même, dans le cas d'une coutume donnée, nous ne pouvons espérer comprendre la signification qu'elle a pour ceux qui la suivent si nous disséquons la société dans laquelle elle fleurit et qu'ainsi nous extrayions une « formule » que nous nous mettons à critiquer *comme si* elle devait nous être imposée sur-le-champ par un cas de *force majeure**. Les composantes d'une société traditionnelle ne forment pas purement et simplement un agrégat : elles sont coordonnées ; ses éléments sont agencés comme ceux d'un puzzle et c'est seulement au moment où nous pouvons voir la gravure complète que nous pouvons savoir de quoi nous parlons. Les ensembles sont immanents dans *toutes* leurs parties et les parties ne sont intelligibles que dans le contexte du tout.

Le lecteur aura pu noter, plus haut, que la *Bhagavad Gītā*, en faisant l'éloge du système des castes, parle aussi du « plaisir » que le travailleur prend à son travail ; le mot utilisé, *abhirata (ram* avec un préfixe intensif), peut aussi être rendu par « être amoureux de », comme l'est le futur avec sa fiancée ; un sens premier de la racine est « venir se reposer dans », comme le désir vient se reposer dans son objet lorsque celui-ci a été atteint. Dans des conditions normales, ce que l'artisan aime le mieux, c'est discuter de son travail. Anormale est, pour nous, la situation du travailleur à la chaîne qui préférerait parler de tout excepté de son métier ; son intérêt profond n'est pas dans le travail, dans l'accomplissement duquel il est, tout au plus, l'instrument irresponsable du « fabricant » qui cherche le profit, mais dans les courses de chevaux, le base-ball, les films et autres moyens de divertissement et de distraction[27]. On ne peut pas dire de ces ouvriers que leur travail soit leur « repos » ou qu'Éros ou une muse les inspirent. D'autre part, dans une société reposant sur la vocation, il est normal que « chacun soit très fier de sa science héréditaire » *(kula-vidyā)* (Kālidāsa, *Mālavikāgnim mitra* 1, 4).

Ainsi, Philon, faisant remarquer que lorsque le roi demande : « Quel est votre métier ? », la réponse est : « Nous sommes bergers comme nos pères l'ont été » *(Genèse,* 47, 3), a le commentaire suivant : « Mais oui, vraiment ! Ne semble-t-il pas qu'ils fussent plus fiers d'être bergers que le roi de son pouvoir souverain ? » *(Agr.,* 59, 60).

Dans l'une de ses pièces, Dekker met en scène un épicier qui exprime ce souhait ardent : puissent tous mes descendants être toujours épiciers[28] !

Comme le dit Jean Giono à propos des heures supplémentaires : dans l'état actuel des choses, « les ouvriers font quarante heures de travail par semaine. Je voudrais bien qu'ils ne fassent point d'heure du tout, quitte, à leur gré, à faire cent heures d'un travail qui les passionnerait » *(Lettre aux paysans,* p. 37). *Moi je le veux aussi ! Passionnerait** : j'ai connu des artisans héréditaires à Ceylan, des menuisiers et des peintres qui se considéraient comme les descendants du Maître d'Œuvre universel et archétypal (dont ils dessinèrent pour moi le portrait).

Ils travaillèrent quelque temps chez moi, principalement à la fabrication d'un coffre peint destiné à mon usage[29]. Ils devaient être payés selon le nombre de journées de travail accomplies ; mais, loin d'essayer de faire traîner en longueur, ils étaient si intéressés, si impliqués dans leur travail, qu'ils insistèrent pour qu'on leur apportât des lampes afin de pouvoir continuer à travailler après la tombée de la nuit[30]. Voilà la réponse au problème des heures supplémentaires[31]. C'est dans ces conditions, comme le dit Platon, que « *davantage* sera accompli, *mieux* et *plus aisément* que de toute autre façon ».

Nous avons adopté, plus haut, la traduction largement acceptée du sanskrit *dharma* par « loi » ou « justice ». D'une manière absolue, *dharma* est la substance éternelle sur laquelle repose toute existence et, en tant que telle, c'est une marque et une désignation de la déité qui est « le soutien *(dhartr)* de toute opération » *(karma,* comme dans *Rig-Vêda,* I, 11, 4), c'est-à-dire dans sa nature royale de Roi des rois et, en conséquence, *Dharma* = *Rājā* « *eminenter* » **. Ainsi, ce qui est naturel et juste est ce qui arrive *dharmanas* « *pari* » ou *dharmatas,* « normalement » ; tout est ainsi « dans l'ordre » quand un père est engendré dans ses descendants *(Rig-Vêda*

VI, 70, 3). D'une manière relative, le *sva-dharma (sua justitia)* est la loi naturelle de chaque être et, ainsi, en même temps, le « sort » et le « devoir » de chacun, qui est aussi la tâche ou vocation propre à chacun *(sva-karma)*. Une correspondance entre les fonctions et les variétés des dons naturels (de naissance) dans une société humaine n'a alors incontestablement, du point de vue indien, rien d'arbitraire, mais c'est une image sur terre de la Justice immuable par laquelle toutes choses sont régies. Quiconque soutient que le système des castes est injuste dans les faits doit toutefois reconnaître que ses intentions sont justes.

Sur ce sujet, comme sur tant d'autres, il y a accord fondamental entre les théories grecque et indienne. Pour Platon, les ordres ou « cités » cosmiques, civiques et individuels sont naturellement gouvernés par une seule et même loi de justice, *dikaiosyné*; et, parmi les sens classiques de « juste », il y a celui de « civilisé ». Ce que la « justice » signifie est longuement examiné dans le second et le quatrième livre de la *République*. Pour Platon, il est évident que « les mêmes genres [*genos*, étymologiquement le sanskrit *jāti*] égaux en nombre peuvent être découverts dans cet État et dans l'âme », et qu'une cité et un homme peuvent être appelés justes ou injustes selon les mêmes critères ; la justice est atteinte « lorsque chacune des diverses parties de la communauté des pouvoirs accomplit sa propre tâche » *(ta eautou prattei)*. La justice, dit-il, est le principe par lequel nous faisons ce qu'il nous appartient de faire *(to ta eautou pratteih = sva-karma)*. Rien ne sera plus ruineux pour l'État et pour le cordonnier si celui-ci tente de faire le travail du menuisier, ou si l'artisan ou l'amasseur d'argent, « mû par la richesse, les votes des électeurs ou par sa propre force, tente d'assumer la "forme" *(eidos = varna)* du soldat, ou si le soldat assume lui-même celle d'un conseiller ou d'un gouverneur, pour laquelle il n'est pas apte, ou si un homme est un touche-à-tout » ; et, déclare-t-il, partout où se produisent de telles perversions, il y a de l'injustice. Il fait remarquer que « nos diverses natures *(ekastou physis = sva-bhāva)* ne sont pas semblables mais différentes» et soutient que «chacun est tenu d'accomplir pour l'État un service social, celui pour lequel sa nature est le mieux adaptée». Et ainsi, «davantage sera produit, d'une meilleure (et plus belle) sorte et plus aisément, lorsque chacun ne fait qu'une chose, celle à laquelle il est propre, dans le temps voulu, sans s'occuper des autres». En d'autres termes, l'action de la justice assure automatiquement la satisfaction de tous les besoins véritables d'une société.

À la lumière de cette conception de la justice, nous pouvons mieux comprendre saint Matthieu, 6, 31, 33 : quand les hommes demandent : «Qu'aurons-nous à manger ou à boire ? Qu'aurons-nous pour nous vêtir ?», il leur est répondu : «Cherchez d'abord le royaume de Dieu et sa vertu, et tout cela vous sera donné par surcroît.» Pour le mot qui est ici rendu par «vertu», l'*Atharva-Vêda* utilise l'équivalent de cette même *dikaiosyne* dont parlait Platon ; et il est évident que si nous comprenons, par la vertu de Dieu, Sa *justice* comme elle est définie par Platon, la chercher d'abord voudra dire que toutes les autres nécessités seront assurées – «car l'administration, *diaconia,* de ce service, *leitourgia,* ne doit pas seulement combler les besoins des Saints, mais faire abonder les actions de grâces envers Dieu» (II *Corinthiens,* 9, 12). Que telle soit la véritable signification du texte est corroboré par la recommandation de saint Paul qui enjoint, ailleurs, de demeurer dans la condition de la vie où nous sommes, même quand l'appel supérieur en vue de servir Dieu a été entendu. Dans la citation suivante, c'est moi qui souligne : «Que chacun vive selon la condition que le Seigneur lui a donnée en partage *(memeriken)* et dans laquelle il se trouvait quand Dieu l'a appelé... *Que chacun demeure dans la condition où il se trouvait quand il a été appelé*[32]... Car l'esclave *(doulos)* qui a été appelé dans le Seigneur est un affranchi du Seigneur. De même, celui qui a été appelé étant libre, est un esclave du Christ... Que chacun, frères, demeure devant Dieu dans la condition où il se trouvait quand il a été appelé» (I *Corinthiens,* 7, 17-24). Il n'existe aucune incompatibilité entre le service humain et le service divin.

L'ordre fonctionnel de Platon prend en compte non seulement les trois «genres» d'hommes libres de l'État, qui correspondent aux trois castes supérieures du système indien, mais l'autre genre qu'il désigne comme les «serviteurs», *diaconoi,* comparables aux *Shūdras* indiens et aux hommes sans caste. Ce sont des gens «peu dignes par leur esprit d'être admis dans la communauté, mais qui, par leur vigueur physique, sont propres aux gros travaux. Ils vendent l'emploi de leur force et, comme ils appellent "salaire" le prix de leur peine, on leur donne, je crois, le nom de "salariés"» *(Rép.,* 371 e). Ce sont, bien entendu, les «esclaves à gages» d'une société industrielle où ils sont en majorité; ceux qui n'ont que leur corps à offrir ne peuvent être décrits que comme des esclaves, voire même comme des prostitués (voir Aristote, *Politique,* 1254 b 18). Inversement, celui qui est esclave légalement, mais qui a bien plus que sa seule force physique à offrir, n'est d'aucune façon un prostitué: c'est un individu responsable avec des désavantages uniquement d'ordre politique; un bon exemple de ce que j'entends par là peut être trouvé dans le *Cligès* de Chrétien de Troyes, où le fidèle Jean, maître maçon, considère qu'il «devrait être brûlé ou pendu, s'(il) trahissait (son) Seigneur ou refusait d'accomplir sa volonté». Ou dans Homère, où le fidèle porcher et portier d'Ulysse n'est rien d'autre qu'un esclave irresponsable *(Odyssée,* XVI, 1; XVII, 385).

En Orient, les relations humaines comptent plus que l'argent: tous s'accordent à placer l'esclavage au-dessus du salariat. Car, comme le dit Aristote, «l'esclave est associé à la vie de son maître... il existe une certaine communauté d'intérêt et d'amitié entre le maître et l'esclave dans les cas où ils ont été prédisposés par la nature à ces rangs sociaux, bien que, lorsqu'ils ne les occupent pas de cette manière, mais (seulement) par la loi et la contrainte, le contraire soit vrai» (*Politique,* 1255 b 21; 1260 a 10); tandis que, là où les hommes, même libres de nom, se louent simplement jusqu'à ce qu'on n'ait plus besoin de leurs services, il se peut qu'il n'y ait aucune communauté d'intérêt ou d'amitié[33]. Nous pourrions développer longuement ce problème, mais nous dirons simplement que les conceptions modernes de l'esclavage (et, par là même, du servage) reposent trop exclusivement sur ce que nous imaginons du sort des galériens dans l'Empire romain ou de ce que l'on a vu de l'esclavage en Amérique où (sans parler des iniquités du commerce lui-même) la condition de l'esclave était celle d'un être subissant une incapacité légale, mais également exploité économiquement de la même façon que l'esclave à gages est à présent exploité, bien qu'il soit en réalité «libre» de travailler ou de mourir de faim. Ce n'est pas avec ces seuls exemples que nous pouvons juger d'une institution. En Perse, l'un de mes collègues effectuant des fouilles recevait souvent des cadeaux en fruits et en sucreries de la part du sheikh local; un jour, il demanda au messager: «Sans doute êtes-vous le serviteur du sheikh?» et reçut cette fière réponse: «Non, Monsieur, je suis son *esclave.*» Si je fais mention de ces choses, c'est pour rappeler à celui qui étudie les institutions et, en réalité, à tous ceux qui ont à vivre dans ce monde moderne qui nous met en relation forcée avec des gens de tous pays, que nous ne devons pas nous laisser abuser par les seuls noms des choses, mais qu'il faut nous demander, par exemple, si la «liberté» et le «servage» sont vraiment ce que nous avons supposé qu'ils étaient; ce dont nous nous occupons réellement, c'est de la réalité humaine des institutions et cela dépend bien davantage du peuple dont ce sont les institutions que des apparences des institutions elles-mêmes. C'est aussi la raison pour laquelle nous avons tant à tenir compte, non seulement des formes elles-mêmes, mais aussi de l'arrière-plan idéologique sur lequel elles sont élaborées. Il est impossible de juger de la justesse d'une formule sociale avant de savoir ce qui est regardé comme le but principal de la vie dans la société que nous examinons. Nous ne défendons pas l'esclavage ou même le système des castes en tant que tel, mais nous faisons simplement remarquer que, dans des circonstances normales, l'esclavage peut être une institution bien moins opprimante que l'esclavage salarié ne l'est toujours nécessairement, et que le système des castes ne peut pas être évalué par les notions de succès qui gouvernent la vie d'une société organisée pour la surproduction et le profit à tout prix et où chacun ambitionne de s'élever dans l'échelle sociale plutôt que de réaliser sa propre perfection.

Sous un certain rapport, l'organisation vocationnelle de la société grecque semble différer, à première vue, de celle de l'Inde en ce sens qu'à l'époque de Platon et plus tard, le métier n'est pas nécessairement héréditaire, la situation à cet égard étant différente au sein des différentes communautés (voir Aristote, *Politique,* 1278 5). Cela veut dire, en réalité, que, dans la Grèce hellénistique, un système plus ancien et divinement sanctionné était en train de s'effondrer. Comme le dit Hocart: «Nous avons ici un excellent exemple du processus appelé communément, sans qu'on sache exactement en quoi il consiste, sécularisation»* (p. 235). Sécularisation: une soustraction de sens à la forme, une «séparation de l'âme et de l'esprit», non au sens scripturaire, mais *à l'envers***, une matérialisation de toutes les valeurs. C'est ce qui a lieu effectivement chaque fois qu'une société traditionnelle est écrasée par ceux qui croient qu'«il faut laisser libre cours au progrès qui suit l'aventure industrielle de la civilisation» quelles qu'en soient les conséquences humaines[34]; chaque fois que ceux qui soutiennent qu'«une connaissance qui n'est pas empirique n'a pas de sens» détiennent le contrôle de l'éducation; chaque fois que les services héréditaires et les fidélités sont «échangés» contre des paiements en espèces et deviennent des «rentes» et que des classes de *rentiers**** ou d'actionnaires se créent dont l'unique intérêt est leur «intérêt». Je n'ignore pas, naturellement, que l'«humaniste scientifique», le rationaliste, le déterministe économique et l'athée de village s'accordent pour dire que la religion, inventée par des aristocrates rusés et des prêtres intéressés en vue de conserver leur situation privilégiée, a été «le poison du peuple». Nous ne démontrerons pas ici que la religion doit avoir un fondement surnaturel sous peine de n'être pas une religion, mais nous dirons que, dans les sociétés organisées pour les gains pécuniaires, la *publicité*, inventée par des industriels rusés pour conserver leur statut privilégié, est *vraiment* le poison du peuple, et que ce n'est qu'une des nombreuses façons dont ce qu'on appelle «civilisation» est devenu «un fléau pour l'humanité». N'est-il jamais venu à l'idée de ceux qui attaquent les systèmes de castes, qu'ils considèrent comme injustes, qu'ils sont aussi des valeurs, ou que le destructeur libéral d'institutions, le protestataire et le rebelle, se rend responsable *ipso facto* de la conservation de leurs *valeurs*?

Nous terminerons en nous référant à une seule de ces valeurs. Nous avons vu qu'en Inde il apparaît normal qu'un homme aime le travail pour lequel il est né et pour lequel il est apte par nature. Il est même dit qu'un homme devrait mourir à son poste plutôt qu'adopter la vocation d'un autre. Cela a pu sembler extrême. Voyons, cependant, quelle est à ce sujet l'opinion de Platon. Il nous raconte qu'Esculape savait que, pour tous les peuples bien gouvernés, il existe un métier assigné à chaque homme dans la cité, qu'il doit accomplir, et que nul n'a le loisir d'être malade et médecin lui-même toute sa vie. Et nous voyons cela chez l'artisan, mais non pas, et c'est assez absurde, chez l'homme riche et soi-disant comblé. Il fait observer qu'un menuisier, s'il tombe malade, consultera vraiment un médecin et suivra ses conseils. «Mais si on lui prescrit un long régime, qu'on lui emmaillote la tête de bonnets de laine, et tout ce qui s'ensuit, il a vite fait de dire qu'il n'a pas le temps d'être malade et qu'il ne voit aucun avantage à vivre pour ne s'occuper que de sa maladie et négliger le travail qu'il a devant les mains... Et n'est-ce pas qu'il a un métier qu'il doit exercer, s'il veut vivre? Pour le riche, au contraire, nous pouvons dire qu'il n'a devant lui aucun travail dont la privation équivaudrait pour lui à l'impossibilité de vivre» *(République,* 406 c-407 a).

Supposons que dans les sociétés occidentales une rectification des injustices sociales existantes se soit produite dans la marche naturelle de l'aventure industrielle, que la pauvreté n'existe plus, que les hommes soient vraiment «libres» et que chacun possède sa télévision, sa radio, sa voiture (ou son autogyre) et son réfrigérateur, et soit toujours assuré d'un bon salaire (ou d'une allocation). Dans ces circonstances, qu'est-ce qui poussera alors l'homme à travailler, même pour le petit nombre d'heures qui sera nécessaire, si les nécessités de la vie sont assurées à chacun ? En l'absence de l'impératif «travailler ou mourir de faim», ne sera-t-il pas enclin à prendre de longs congés ou, si c'est possible, à vivre sur les gains de sa femme ? Nous savons combien il est difficile, à l'heure actuelle, de «réglementer» convenablement les «indigènes paresseux» des terres sauvages qui n'ont pas été complètement industrialisées pour que leurs habitants soient obligés de travailler pour un salaire ou mourir. Supposons que les hommes soient vraiment libres de choisir leur métier et refusent d'exercer des tâches déplaisantes comme celles de mineur, par exemple, ou d'assumer la charge d'un emploi public. Une réquisition de main-d'œuvre ne serait-elle pas nécessaire, même en temps de paix ? Il se pourrait que ce soit pire que le système des castes, même tel qu'il nous apparaît. Je ne vois d'autre solution à cette situation que d'être si amoureux du travail pour lequel on est qualifié par nature qu'on le préfère à toute oisiveté ; pas d'autre solution pour l'ouvrier que d'être capable de sentir qu'en faisant ce qu'il lui appartient de faire, il n'accomplit pas seulement un service social et par là même gagne sa vie, mais qu'aussi il sert Dieu.

---

1. Voir Demetra Vaka, *Haremlik* (1909), p. 139, où l'interlocuteur est une jeune femme turque de haute condition, connaissant bien les maîtres de la littérature occidentale. Elle dit : « Après la lecture de vos journaux (américains), je sais que je n'aime pas votre monde, et je suis heureuse d'être musulmane. » À une autre page, l'auteur demande à une amie turque : « Ne souhaiteriez-vous pas parfois être une femme libre européenne ? » et reçoit cette réponse déconcertante : « Je n'ai jamais connu d'Européens à qui j'aurais aimé appartenir. » Une nouvelle fois, p. 259, on lui dit : « Quand, étant adolescente, je lisais des choses sur la vie en Europe, elle me paraissait si attirante, si merveilleuse ! Mais quand j'ai pu en goûter la saveur, elle était vide et amère. » Pour sa part, Demetra Vaka déclare (p. 221) : « Je suis toujours grandement étonnée par ce curieux sentiment de bonheur résigné partagé par les Orientaux, sentiment que l'Occident peut difficilement concevoir. »

Parce que vous ne pouvez le concevoir, vous êtes irrités à la pensée que des hommes et des femmes puissent être heureux dans des conditions qui seraient ennuyeuses pour vous, tel que vous êtes à présent, vous dont l'ambition est d'être « quelqu'un ». Vous ne comprenez pas qu'il puisse exister une plus haute ambition, celle de devenir « personne ». Soumission à la volonté de Dieu, telle est la véritable signification de l'Islam ; le contentement, *cultiver son jardin**, telles sont *nos* ambitions. Ce n'est pas contre *notre* mode de vie que nous, Orientaux, « protestons » et nous « rebellons », mais contre votre intrusion. C'est *votre* manière de vivre que nous répudions, partout où elle ne nous a pas déjà corrompus.

* En français dans le texte (N. d. T.).

2. M. Brailsford lui-même (p. 122) attire l'attention sur l'unité culturelle de l'Inde. Je dirais qu'est réalisé en Inde un degré d'« unité sociale » beaucoup plus élevé qu'aux États-Unis d'Amérique.

3. On peut observer 1) qu'un hindou ne « partage ses repas » *(« inter-dine »)* ni avec sa propre femme ni avec les membres de sa propre caste, et que cela n'a strictement rien à voir avec un quelconque « préjugé social », mais reflète une différenciation fonctionnelle ; et 2) que les « interdictions et prescriptions » du système des castes ne sont pas toujours aussi gênantes que le suppose celui qui étudie ces choses de manière superficielle – ainsi : « Des mains de son laboureur, d'un vieil ami de la famille, de son vacher, de son serviteur, de son barbier et de quiconque vient pour chercher refuge et offrir son service – des mains de tous ces *shūdra* on peut prendre la nourriture » (*Manu*, VI, 253).

4. De même, H. N. Brailsford (p. 160) : « La barrière des castes devra être brisée *si* l'on veut fournir du travail industriel aux cultivateurs en surnombre » (c'est moi qui souligne).

D'autre part, dans son excellent ouvrage *Dharma and Society* (Londres, 1935), G. H. Mees remarque : « Aucune personne étudiant sérieusement le système des castes n'encouragera son abolition » (p. 192). Nous n'oublierons pas que le *Mahâtmâ* Gandhi lui-même, si réputé pour être le champion des « intouchables », ne désire pas faire disparaître les castes.

Voir également Bhavan Das, *The Science of Social Organization* (Madras, 1910, p. 226 et 335) : « Ce que *Manu* a établi est la seule approche, et la meilleure, d'un socialisme viable, qui ait été tentée dans notre race, et qui ait réussi pendant des milliers d'années. »

5. Sur René Guénon et son œuvre, qui est d'une si grande importance pour tout ce qui touche à la « synthèse », voir mon « Eastern Wisdom and Western Knowledge » in *Isis*, vol. XXXIV, 1943, p. 359-363. (Voir ci-dessus, p. 65-77.)

6. « Après la guerre, l'Angleterre devra accroître ses exportations de 50 % par rapport à 1938 » (discours de lord Keynes en 1942). Commentaire : « La Révolution américaine fut avant tout une révolte contre le mercantilisme » (R. L. Buell, directeur de *Fortune*).

7. « Ce que l'État moderne craint le plus, c'est l'individu » (Jean Giono, *Lettre aux paysans*, 1938, p. 64).

8. Certains font sans cesse référence aux «monarchies absolues» d'Orient comme si ces monarchies pouvaient être comparées à celle de la France immédiatement avant la Révolution. Bien entendu, il y a eu là aussi de bons et de mauvais rois, comme partout ailleurs. La monarchie orientale normale est, à vrai dire, une théocratie dans laquelle le roi est un agent exécutif qui peut faire uniquement ce qui doit être fait et un serviteur de la justice *(dharma)* dont il n'est pas lui-même l'auteur. La prospérité tout entière de l'État repose sur la vertu du roi ; et, de même que, pour Aristote, le monarque qui gouverne dans son propre intérêt n'est pas un roi, mais un tyran, et peut être chassé «comme un chien enragé», de même, selon la vieille loi hindoue, pour le même délit, l'amende d'un roi doit être mille fois supérieure à celle d'un *Shūdra*. C'est dans un sens très différent qu'on observe dans les démocraties «une loi pour les riches et une loi pour les pauvres». Une démocratie gouvernée par des «représentants» n'est pas un gouvernement «pour le peuple», mais un conflit organisé d'*intérêts* qui n'aboutit qu'à la création d'un équilibre instable des pouvoirs ; et «tandis que la tyrannie d'un seul est cruelle, celle d'un grand nombre ne peut qu'être la plus dure et la plus insupportable» (Philon, *Spec.*, IV, 113). Ainsi, l'Oriental critique le système industriel selon ses propres normes vocationnelles et la démocratie selon son idéal de la royauté. Voir mon *Spiritual Authority and Temporal Power in the Indian Theory of Government* (1942), pour l'Inde particulièrement, p. 86 ; pour la Perse, note 60.

9. De même, T. W. Rhys Davids dans *Sacred Books of the Buddhists*, II, 96 *sq* : «La preuve a été apportée, année après année, qu'il existait des restrictions concernant l'intermariage et le droit de manger ensemble, parmi d'autres tribus aryennes – grecques, germaines, russes, etc. L'esprit et, dans une large mesure, les particularités des usages dans les castes indiennes modernes, sont identiques à ces coutumes anciennes qui, sans nul doute, sont universelles.»

10. Les distinctions citées plus haut rendent ridicule la polémique bouddhiste du *Majjhima Nikāya*, II, 148.

Le lecteur occidental moderne qui pourrait trouver étrange la notion d'une seconde naissance rituelle devrait étudier le second chapitre de la *Hiérarchie ecclésiastique* de saint Denys, par exemple dans la traduction de Darboy, *Saint Denys l'Aréopagite* (Paris, 1932, p. 83-91).

11. «Ce mot *jāti* signifie littéralement "naissance", mais il ne faudrait pas l'entendre, ou du moins pas exclusivement ni en principe, au sens d'"hérédité" ; il désigne la nature individuelle de l'être, en tant qu'elle est nécessairement déterminée dès sa naissance même, comme l'ensemble des possibilités qu'il développera au cours de son existence» (René Guénon, «Varna» dans *Le Voile d'Isis*, vol. 40, 1935, p. 447). [Repris dans *Études sur l'hindouisme*, 1979, ch. VI, p. 76 – N. d. T.]. L'hérédité est normalement le facteur essentiel dans la détermination des possibilités d'un individu ; mais, même lorsqu'un caractère surgit pour ainsi dire spontanément, c'est encore, au sens où nous parlons d'un «poète né», la «naissance» qui définit les possibilités de l'individu.

12. Voir, en particulier, *Taittirīya Samhitā*, VII, 1, 1-3, et *Aitareya Brāhmaṇa*, VIII, 4, où les quatre castes, prenant naissance de la bouche, des bras, des cuisses et des pieds du Sacrifice, correspondent aux quatre louanges de l'*Agnistoma* et aux qualités de luminosité, de force, de fertilité et de soutien.

13. Pur = *polis*, la racine apparaissant également dans *plures*, *plebs*, peuple, plein, etc. ; *sha* = *keimai*, *cubare*.

14. De nombreux érudits occidentaux ont prétendu qu'à part le «dernier» hymne *(Rig-Vêda* X, 90), le *Rig-Vêda* ne connaît que trois castes. Mais l'équation *Shūdra* = *Asura* (explicite dans *Taittirīya Brāhmaṇa* 1, 2, 6, 7) n'aurait pas besoin d'être démontrée à un Indien. En réalité, c'est précisément parce qu'*Asura* = *Shūdra* que le Soma, à partir duquel est préparée l'«ambroisie» rituelle, doit être «acheté» à un *Shūdra*.

15. Voir *saint Matthieu*, 7, 6, *saint Luc*, 8, 10 ; saint Denys, *La hiérarchie ecclésiastique*, VI, 2 ; saint Thomas d'Aquin, *Exp. s. Boetium de Trinitate*, II, 4.

16. La déité est *une* «là-bas» d'une manière transcendante, mais *multiple* «ici» en tant qu'elle est immanente dans ses enfants (*Śatapatha Brāhmaṇa*, X, 5, 2, 16).

17. Sur la «circulation de la pluie de richesse» que fournit l'ordre sacrificiel, v. *Śatapatha Brāhmaṇa*, IX, 3, 3, 15-19 et mon *Autorité Spirituelle et Pouvoir Temporel*, p. 103 et note 50. [Trad. française: Archè, Milan, 1985, N. d. T.]

18. Au sens traditionnel et légitime plutôt qu'au sens courant du terme, «la notion d'artiste et celle connexe de beaux-arts sont deux accidents particulièrement graves de notre tradition locale européenne» (Margaret Mead).

19. Pour cette formule scolastique, voir *Aitareya Brāhmaṇa*, V, 27, où il est dit que les œuvres d'art humaines sont faites à l'imitation des archétypes célestes et où l'artiste est décrit comme «visitant le paradis» (allusion à l'acte premier de la contemplation) afin d'observer les formes qu'il imprimera dans la matière, à son retour. La «sagesse», *sophia* (voir le sanskrit *kauśalyam*) était, à l'origine, l'«habileté manuelle» du créateur. Les analogies tirées des arts constructeurs sont notablement absentes des écrits des philosophes modernes, mais abondent dans ceux des philosophes anciens, médiévaux et orientaux, qui sont toujours des maîtres du «*symbolisme qui sait*» (*). C'est à propos de ces analogies que saint Bonaventure remarque: «Voyez comme la lumière d'un art mécanique est le chemin vers l'illumination de la Sainte Écriture! Il n'y a là rien qui n'annonce la véritable sagesse (*sapientia* = «*scientia cum amore*»), et c'est pour cette raison que la Sainte Écriture fait très justement usage de telles comparaisons» (*De reductione artium ad theologiam*, 14). C'est précisément cette sorte de «sagesse» que l'on ne peut trouver là où la fabrication s'effectue en vue du profit et non pas essentiellement pour l'usage.

* En français dans le texte (N. d. T.).

20. Voir René Guénon, «Initiation and the Crafts», *Journal of the Indian Society of Oriental Art*, vol. VI (1938). [Voir aussi «L'initiation et les métiers» dans *Mélanges*, 2ème partie, chap. I, Gallimard, 1976 – N. d. T.].

21. Les strophes citées sont II, 50; III, 22, 24, 25, 35; IV, 12; XVIII, 41, 45-48, mais dans un ordre différent.

22. Tout comme dans *République*, 519 g *sqq.*, où l'on s'attend néanmoins à ce que ceux qui ont vu la lumière et ne voudraient pas partager volontiers les activités de la «caverne», «redescendent» [*katabainein* = *avatartum*] et y participent, pour le bien des autres habitants de la caverne, mais, à la différence de ceux-ci, en n'ayant aucune fin propre à atteindre, aucun but personnel. L'«intégrité» (*samgrahana*) correspond exactement à Platon, 519 e.

23. «Yoga» est utilisé ici dans sa signification originelle, par référence au contrôle des facultés sensorielles par le mental (dans le symbolisme indien et platonico-philonien du char, véhicule corporel de l'esprit, les facultés sensorielles étant l'attelage des chevaux). S'il est dit également dans la *Bhagavad Gītā* que le «joug» signifie le renoncement à l'action, il n'y a là aucune contradiction car c'est explicitement non pas une répudiation de l'activité, mais le rattachement implicite de toutes les activités, non à soi-même, mais au véritable Agent dont nous ne sommes que les instruments. Moins le travail sera rattaché à notre soi et plus nous Le laisserons agir par notre entremise, plus il sera accompli aisément et «habilement». Ce n'est pas l'oisiveté mais la facilité que proposent l'«activité non-agissante» de la *Bhagavad Gītā* et le *wu wei* taoïste correspondant.

24. En termes encore plus populaires, si les hommes pouvaient vivre grâce à ce qui n'est à présent que leur violon d'Ingres.

25. «Nous vivons comme si les forces économiques déterminaient le développement et le dépérissement des institutions et décidaient du destin des individus. Le mot liberté est presque devenu obsolète; nous nous mettons en route, marchons et nous arrêtons au signal d'une vaste machine industrielle» (J. Dewey, *The Individualism Old and New*, 1931, p. 12).

26. C'est là une discrimination qui est peut-être plus familière au lecteur dans les termes chrétiens de la distinction de notre forme extérieure et de notre homme intérieur, ou de «la séparation de l'âme et de l'esprit». Pour une analyse plus détaillée, voir mon «Akimcanna: self-naughting» dans *New Indian Antiquary*, vol. III (1940). [Également dans les *Selected Papers of Ananda Coomaraswamy*, Princeton Univ. Press, 1977.]

27. «Ces travailleurs considèrent le travail comme un mal nécessaire, comme une occasion de gagner l'argent qui leur permettra non seulement de pourvoir à leurs besoins essentiels, mais aussi de s'offrir du luxe et de donner libre cours à leurs passions», A. J. Krzesinski, *Is Modern Culture Doomed?* (1942), p. 54. «Il importe peu que l'ouvrier d'usine soit, quant à la durée et à l'intensité de son effort, mieux ou plus mal loti que le chasseur sauvage ou l'artisan du Moyen Âge. Ce qui importe vraiment, c'est que ce n'est pas son esprit qui détermine l'objet de son travail et que son corps, en tant qu'instrument d'un pouvoir créateur indépendant, a perdu la plus grande partie de son importance... et, à présent, (le travail) l'intéresse presque exclusivement *comme source de plaisir et de douleur*» (*ibid.*, p. 54, n. 8). Le plaisir et la douleur: le «couple» même de la domination duquel les philosophes indiens et platoniciens voudraient justement nous libérer! Il serait vraiment absurde de prétendre que la société moderne n'est pas fondée sur, et entretenue par, le travail d'esclave; c'est juste le nom de l'esclavage, mais non sa réalité, qui a été répudié.

28. Synonyme du *sahajam kārma* de la *Bhagavad Gītā*, citée plus haut, et du *sippa* du chef de famille dans l'*Anguttara Nikāya*, III, 363, où il est dit que l'intérêt de cet homme est la richesse, que son domaine est un art *(sippādhitthāna)*, que son intérêt est dans le travail, et que son entéléchie est celle du travail accompli *(nitthita-kammanta)*. N'oublions pas que ces expressions ont une signification qui n'est pas exclusivement séculière; la dernière, par exemple, correspond au *kata-karaniya* de la terminologie ayant trait aux Arhat.

29. Il est aujourd'hui au musée de Colombo.

30. J'ai évoqué ces faits au cours d'une conférence donnée dans l'un de nos collèges féminins les plus importants. On m'informa qu'une très grande partie de mon auditoire avait trouvé presque incroyable que des hommes puissent ignorer à ce point leurs meilleurs intérêts économiques; on ne pouvait concevoir que l'on veuille travailler sans motivation financière.

31. Pour ceux dont les moyens d'existence sont également la vocation naturelle, ces mots n'ont aucun sens; leur travail n'est jamais fait.

32. Comme le sanskrit correspondant *vi-bhaj (Bhagavad Gītā*, IV, 13), cela implique la répartition d'une juste part, d'un héritage ou d'un «destin», l'individualité qui naît «comme un jardin tout planté et semé». Cette distribution ou dispensation est «une opération prodigieusement facile», car ce n'est pas une assignation arbitraire, mais plutôt l'action d'une justice infaillible de qui nous recevons ce que demande notre nature (v. *Lois*, 904 et Héraclite, fr. 79). Nous devons toujours nous souvenir que: «Tout est offert, mais chacun prend seulement ce qu'il peut recevoir.»

33. «On peut chasser un mercenaire mais non un serviteur héréditaire. Donc, pour récolter la tranquillité et un bon service, il faut user de tact et de bonnes manières. L'hérédité, loin de les mettre à la merci de leur maître, place celui-ci entre leurs mains. Sparte conserva le servage sous une forme qui paraissait très rude aux Athéniens, mais leurs opinions ont à peu près autant de valeur que les opinions de nos libéraux sur la caste indienne et l'esclavage africain» (A. M. Hocart, *op. cit.*, p. 237-238).

34. «Il a été également possible d'avilir les artisans grâce à la machine... On a fait tomber de leurs mains la possibilité du chef-d'œuvre. On a effacé de leur âme le besoin de la qualité; on leur a donné le désir de la quantité et de la vitesse» (Jean Giono, *op. cit.*, p. 67).

---

* (p. 121) La Mason-Dixon Line est la frontière sud de la Pennsylvanie qui séparait les États yankees des États «sudistes» (N. d. T.).

* (p. 124) En français dans le texte (N. d. T.).

** (p. 124) En français dans le texte (N. d. T.).

* (p. 126) «*Timeo Danaos et dona ferentes*» (Virgile, *Énéide*, II, 49). Allusion au cheval de Troie (N. d. T.).

* (p. 131) En français dans le texte (N. d. T.).

* (p. 134) En français dans le texte (N. d. T.).

* (p. 135) Partisan de la très américaine «philosophie du comportement» (N. d. T.).

* (p. 138) De «*ministerium*» = service, métier (N. d. T.).

* (p. 139) C'est-à-dire quand il se retire de la vie «active» pour entrer dans la dernière «étape» de sa vie, dont l'issue est la «libération» *(moksha)*.

* (p. 141) En français dans le texte (N. d. T.).

* (p. 143) En français dans le texte (N. d. T.).

** (p. 143) «Par éminence» (N. d. T.).

* (p. 148) En français dans le texte (N. d. T.).

** (p. 148) En français dans le texte (N. d. T.).

*** (p. 148) En français dans le texte (N. d. T.).

LA PENSÉE DE GOTAMA LE BOUDDHA

LES PAGES IMMORTELLES

Ces textes, choisis et présentés par Ananda K. Coomaraswamy et I. B. Horner, sont précédés de la Vie du Bouddha et d'une étude sur la doctrine bouddhique.

[Éditions Pardès]

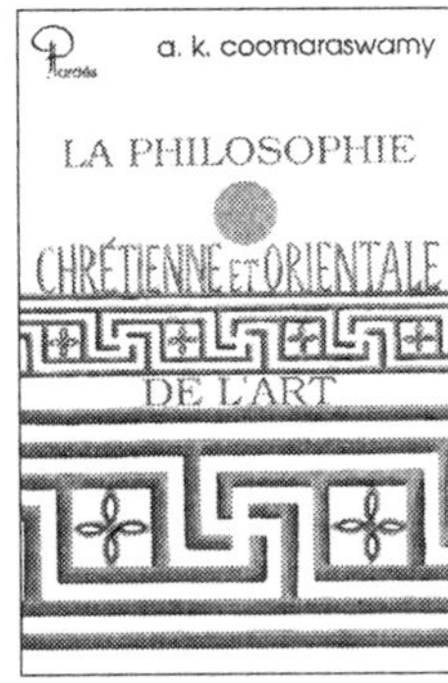

A. K. COOMARASWAMY

LA PHILOSOPHIE CHRÉTIENNE ET ORIENTALE DE L'ART

Dans cette étude sur l'art, Ananda K. Coomaraswamy a cherché à démontrer que « l'art est essentiellement symbolique et qu'il n'est qu'accidentellement illustratif ou historique ; [...] que même le plus grand art n'est qu'un moyen en vue d'une fin, [...] l'art scripturel lui-même n'est qu'une manière de "voir, obscurément, à travers un verre" et que si cela est infiniment mieux que de ne rien voir du tout, l'iconographie n'a plus d'utilité quand nous voyons Dieu en face. »

[Éditions Pardès]

Ce livre, composé en « EuroGaramondSanskrit » corps 11, a été réalisé par l'atelier des éditions Pardès.

Achevé d'imprimer en janvier 2003 sur les presses de l'Imprimerie Fareso, Madrid (Espagne).

Premier dépôt légal : septembre 1997.
Dépôt légal : janvier 2003.